A SON ALTESSE SÉRÉNISSIME

MONSEIGNEUR

LE DUC DE CHARTRES,

PRINCE DU SANG.

ONSEIGNEUR,

Si l'Horlogerie a acquis quelques dégrés de perfection, elle les doit à deux de nos plus Grands Rois, HENRY IV, & LOUIS XIV, & sur-tout à votre Illustre BISAYEUL, Régent de ce Royaume. Pour perfectionner les Français

dans un Art que ce Prince estimoit, ordonna à SULLY,* *de faire venir d Horlogers Anglais, qui passoient alo pour les meilleurs de l'Europe. Les dési de SON ALTESSE ROYALE, eure les succès les plus heureux, & le Prin son FILS, se fit un plaisir de proteg les* GAUDRON, *les* JULIEN LE ROY *& l* THIOUT: *avec moins de mérite que c Célébres Artistes; mais avec autant de zé pour le progrès de mon Art, je croiro manquer,* MONSEIGNEUR, *à la reconnoissance que l'Horlogerie do à l'Auguste Maison D'ORLÉANS si l'Ouvrage que j'ai l'honneur de dédier VOTRE ALTESSE SÉRÉNISSIME paroissait sous une autre protection q la vôtre; Héritier des Vertus de v Ancêtres, & de leurs connoissances dan les beaux Arts; j'ai crû devoir vou*

* Artiste Célébre de son tems.

offrir mes Recherches ſur la partie la plus intéreſſante, & juſqu'à préſent la moins perfectionnée de l'Horlogerie; c'eſt-à-dire, ſur le vrai moyen de faire des Pendules à Secondes, propres à indiquer exactement les Équations journalieres du Soleil.

Cet Ouvrage eut été ſuſceptible d'un Style plus agréable, ſous la Plume d'un Écrivain élégant, mais il eut moins paru appartenir à un Artiſte, qui n'a d'autre talent que celui qu'il a acquis en méditant profondément ſur ſon Art.

Je ſuis avec le plus profond reſpect,

MONSEIGNEUR,

DE VOTRE ALTESSE SÉRÉNISSIME,

Le très-humble & très-obéïſſant
Serviteur RIDEREAU.

AVIS AU LECTEUR.

LORSQUE je composai l'Ouvrage que
soumets aujourd'hui au jugement du Publi
je n'avois en vûe que ma propre satisfactior
& je ne croiois pas qu'il dût voir le jou
parce que je sçavois par ma propre expérienc
qu'un Artiste n'a pas ordinairement le tale
d'écrire, & qu'il ne s'explique pas toujou
aussi-bien qu'il exécute ; en effet, quell
difficultés n'éprouve-t-il pas quelquefoi
lorsqu'il veut décrire sur le Papier, & rend
intelligibles les Opérations les plus faciles
son Art.

Ces considérations auroient dû m'empêch
d'écrire, mais des Personnes d'un rang di
tingué, aïant appris que l'objet de mes R
cherches, avoit pour but la perfection d'u
partie interessante de l'Horlogerie, & m'aïa
pressé de leur communiquer mes réflexions q
y sont relatives, j'ai cédé à leurs désirs; ell
les ont lues, en ont paru satisfaites, & m'o
déterminé à les rendre publiques : heureux
si elles peuvent plaire à ces Amateurs d
Arts Méchaniques, qui sont en état de l
apprécier!

Les Artistes éclairés de notre siécle, n
rendront assez de justice pour croire que
n'ai pas prétendu leur donner des conseils s
une matiere qu'ils doivent connoître aussi

bien, ou mieux que moi, tout ce que je pourrois dire, ajoûteroit peu à leurs lumieres, je ne fais donc que présenter simplement, & sous un point de vûe général, des réflexions, que je crois utiles pour des opérations sur lesquelles plusieurs écrits n'ont donné qu'une foible esquisse.

Après avoir détaillé les vrais moyens qu'on doit employer pour parvenir à faire d'excellentes Pendules simples à Secondes, je passe à ceux qui sont nécessaires pour composer des Pendules à Équation, sur l'exactitude desquelles on puisse compter, & je rapporte tout ce que j'ai vû d'essentiel pour mettre à un certain point de perfection, de justesse & de solidité, cette belle partie de l'Horlogerie, peu approfondie, ou trop négligée jusqu'à ce jour.

J'ose me flatter que les Amateurs, & les Personnes qui font usage des Pendules qui indiquent les Équations journalieres du Soleil, trouveront de quoi se satisfaire en lisant cet Ouvrage; j'ai vû, j'ai opéré, j'ai réflêchi sur mes Opérations, & pour profiter des lumieres des Grands Artistes, j'ai comparé leurs Travaux avec les miens; & ce n'est que d'après des combinaisons réflêchies, & des essais multipliés, que mes projets ont eû quelque succès.

Par ce que je dis des Pendules à Équations qu'on a faites jusqu'à présent, on verra quelle différence il y a entr'elles, & celles que j'annonce; je fais voir qu'on s'est plus attaché à la

ſingularité des effets de ces Pendules,
leur préciſion; qualité eſſentielle, dont
auroit dû faire ſon objet principal, puiſ
s'agit de trouver par ces ſortes de Machin
ce qui ſe paſſe de plus intereſſant dans l'
vers; c'eſt-à-dire, la marche réguliere du S
pendant toute l'année, ſuivant le Calcul
Aſtronomes.

Je ne dis que deux mots ſur l'abus d
prétendue régularité, qu'on a cru que pou
procurer un Pendule * composé de différ
Métaux, appliqué aux Horloges; parce
toutes les expériences qui en ont été fai
ont ſi peu répondu à ce qu'on en a pub
qu'on peut regarder comme un beau ſonge
réuſſite des effets de cette compoſition, &
ſon application; puiſqu'il ne réſulte des ex
riences que les plus célébres Artiſtes en
faites, qu'on n'a encore trouvé que dès-à-
près; & qu'il n'y a aucune preuve autent
qu'une application auſſi coûteuſe, ait ja
procuré un dégré de plus de juſteſſe que
qui eſt commune aux Horloges bien fait
dont le Pendule eſt d'une ſimple Verge de
proportionnée à la peſanteur de la Lentil

On trouvera auſſi des nouvelles Ta
d'Équation, utiles pour obſerver les Pend
à Secondes, à la fin de ce petit Ouvra

Comme ce n'eſt que l'expérience & l'
partialité qui peuvent juger ſainement
Ouvrage; c'eſt d'après ces deux choſes,
j'attends les ſuffrages du Public.

* Ou Balancier.

DES PENDULES

A *SECONDES SIMPLES* ET A ÉQUATION.

DÉFINITIONS

ET DIVISION DU TEMS.

ON distingue communément le Tems, en *Tems vrai*, & en *Tems moyen*.

Le *Tems vrai*, nous est donné par le Soleil, dont les Jours, les Heures, les Minutes & les condes ne sont pas d'une parfaite égalité entr'elles. Ce ême Tems est indiqué par les Cadrans Solaires.

Le *Tems moyen*, est le Tems de l'Année Civile, di- ʃé par supputation, en autant de Jours, d'Heures, Minu- s, &c. qu'elle en a.

Les Parties ainsi supputées, sont d'une parfaite égalité. e Tems nous est donné par une simple Pendule à condes, bien réglée.

On se sert encore des termes de *Tems apparent*, pour xprimer le *Tems vrai*, & de *Tems égal*, pour exprimer *Tems moyen*. Ces derniéres Dénominations paroissent us intelligibles que les autres.

SECTION PREMIERE.

Des Pendules à Secondes en général.

Les Pendules à longues Vibrations (*a*), ont une ori fort ancienne. L'illustre *Galilée*, est le premier, qu 1639, fit des recherches sur les moyens de les perfect ner, & qui imagina le Pendule.

Huguens vint ensuite, & profitant de l'application le fils de *Galilée* en avoit fait aux Horloges, il perfectionna la Théorie; & répandit de grandes lumi sur cette Partie utile de l'Horlogerie vers 1658.

La *Cycloïde* (*b*) qu'il appliqua aux Pendules en 1 offrit dans les commencemens un moyen séduisant qu imposa; ce grand Homme ne soupçonna pas les difficu que sa découverte éprouveroit dans la suite. En 1720 Artiste en démontra les abus en présence d'une Acadé célébre; (*c*) c'est à cette époque qu'on doit l'origin Pendule composé (*d*).

(*a*) *Vibration*. C'est le mouvement que fait le Pendule aller de droite à gauche & pour revenir de gauche à dr Nous emploïerons indifféremment dans cet Ecrit les mots *dule*, *Balancier*, *Régulateur*, comme signifiant la même ch

(*b*) N'étoit autre chose que deux Lames de Cuivre, don extrémités supérieures étoient fixées au Support & au Ce du mouvement du Pendule; ces deux Lames formoient d Portions de Roulettes, qui devoient empêcher le Pen d'augmenter ses Vibrations, & par ce moyen en mainten régularité. Plusieurs attribuent au Pere Mersenne l'inven de la Cycloïde.

(*c*) Un Artiste de nos jours, dit dans un Traité d'Horloge qu'il a donné il y a quelques années, que ce fût *Sully*, qu 1720 démontra l'inutilité de la Cycloïde : comment cel peut-il? *Sully*, en 1724 présenta à l'Académie une Pen Marine, dans laquelle il en fait usage. Ce fût *Enderlin*, prouva l'abus de la *Cycloïde*, dans un Discours qu'il pronc en pleine Académie. *Voyez* le Traité de *Thiout*.

(*d*) Quelques-uns prétendent que l'abandon de la *Cycl* n'est pas l'époque du Pendule composé. Cette prétention pour le moins chimérique; parce que l'on ne voit nulle que Personne se soit avisé d'y travailler avant *Graham*,

Dans la suite, les Pendules ont été perfectionnées par ...gré : on a varié leurs formes & leurs constructions, ...on leur a donné différentes dénominations, selon les ...ts qu'elles produisoient. Parcourons-les un instant, & ...vons ce que tous ces changemens leur ont procuré de ...n & ou de mauvais.

SECTION II.

Pendules à Secondes excentriques.

...ES mêmes Pendules à Secondes, indiquent sur un ...dran, les Heures & les Minutes.

Un second Cadran est destiné aux Secondes ; il est placé ...tre le midi du premier & son centre, & il est divisé ... soixante parties égales qui expriment le nombre des ...brations, appellées *Secondes*, que donne le Pendule dans ...space d'une *minute*, qui est le tems que la roue d'échap-...ment employe à faire sa révolution. Ces Vibrations ...ultipliées en donnent 3600 dans une *heure*, & par con-...quent 86400 dans 24 heures, pourvû que le Pendule ... 3 pieds, 8 à 10 lignes de longueur du centre de son ...ouvement, à celui de sa pésanteur, (*a*) qui est ordinai-

...el commença par supprimer la Lentille du Pendule, pour y ...bstituer un Vase rempli de Mercure ; mais l'expérience ne ...pondant point à sa Théorie, il se retourna du côté des Métaux. ... employa, ainsi qu'on a fait depuis, le Fer & le Cuivre. On ...oit dans les Transactions Philosophiques de 1726, que c'étoit ... mois de Décembre 1721. Or, c'est en 1720, qu'*Enderlin* a ...émontré l'abus de la *Cycloïde*. Conséquemment, on peut sans ...reur, placer l'époque du Pendule composé à cette année, qui ...aroît être celle de son origine.

(*a*) Le centre de pésanteur d'un Pendule varie suivant celui ...e sa Verge. S'il étoit possible d'employer des Verges sans ...ésanteur, ce centre résidroit au milieu de la Lentille : il s'en-...uit donc, que plus la Verge d'un Pendule est forte, plus le ...entre de pesanteur s'éloigne de la Lentille. Il faut entendre ...ar centre de pesanteur d'un Pendule, ce que l'on entendroit ...ar celui d'un Bâton plus pesant d'un bout que de l'autre, mis ...n équilibre sur un point posé dans un plan horizontal.

rement un peu plus haut que le milieu de la Lentille, rel vement au poids de la Verge.

Ces Pendules qui sont les premieres de cette espé s'appellent communément *Pendules à Secondes exc triques.*

Pendules à Secondes concentriques.

Quelques Artistes ont dans la suite changé l'indica des Secondes, d'excentriques, qu'elles étoient, ils les renduës concentriques, pour y parvenir ; ils ont passer l'axe ou tige (*a*) de la roue d'échappement, au vers de la cadrature (*b*).

Au moyen d'une Aiguille que porte cette tige, le cle & les chiffres des Minutes du premier Cadran rempla dans cette seconde espéce de Pendules, le petit Cadran de la premiere ; par cet expédient, les Secondes devi nent bien plus faciles à voir, puisqu'elles sont indiquées un diametre 8 ou 10 fois plus grand, que lorsqu'elles excentriques, & sur un petit Cadran ; mais, si on épro quelque agrément par ce changement, on le paye par le désavantage qu'il fait naître. Dans la prem espéce, l'Aiguille des Minutes se meut à frottement la tige de la roue qui fait sa révolution toutes les Heu ce qui fait que son indication est naturelement juste ; m dans la Pendule présente, la précision ne peut s'y trou qu'avec des moyens compliqués ; qui consistent à sup mer la tige de la roue des Heures pour lui substituer c qui doit porter l'Aiguille des Secondes. Il faut par co quent que cette tige passe librement dans un Ca d'acier, fixé à la Cage, & sur lequel on place librem l roue des Minutes. Il suit de cette disposition qu'or eut communiquer le mouvement à cette roue que

(*a*) En terme de l'Art, on nomme Arbre d'une roue, l d'une roue, & la tige d'une roue, ce même axe, lorsqu'il de la Cage pour porter des Aiguilles, &c.

(*b*) On appelle ainsi toutes les Piéces qui sont placées ent Mouvement & le Cadran, dont la plûpart servent à faire m voir les Aiguilles.

ntremiſe d'un pignon du roüage qu'il faut faire ſortir la cage, en le faiſant porter par un pont ; cette communication, qui, comme on voit, eſt un engrénage de pignon avec la rouë des Minutes, ne peut exiſter qu'avec jeu très-nuiſible, mais impoſſible à éviter dans cette onſtruction, ce qui occaſionne un balotage qui rend ndication des Minutes très-inégale ; la plus legere atten- on ſuffit pour s'en appercevoir.

Dans la plûpart de ces Pendules, il y a dans l'eſpace une heure, (tems de la révolution entiere de l'Aiguille des inutes) trente minutes plus longues, & trente plus cour- s. On a beau dire, qu'au bout des 60 les deux erreurs confondent ; cela ne peut être à la rigueur, & le dé- ut que cette méthode donne gratuitement, peut s'éviter vec les Secondes excentriques.

Je n'entrerai point ici dans aucun détail ſur la défectuo- té de cet uſage ; je dirai ſeulement qu'on ne peut jamais ire la rouë d'échappement d'aucunes piéces d'Horlogerie, lles qu'elles puiſſent être, aſſez légere, eû égard à la force lative & proportionnée de chaque Pendule. Cependant, ans celle-ci, on augmente la peſanteur de cette même ouë, en faiſant porter ſur ſa tige une grande Aiguille ; e qui exige plus de force motrice pour en vaincre l'iner- ie. Ces forces augmentant, occaſionnent des frottemens ui alterent toûjours la juſteſſe qu'on doit attendre d'une endule à Secondes.

Je répeterai donc ſans ceſſe aux Artiſtes ; préférez utile à l'agréable, lorſque vous ne pouvez les réunir ous les deux. Sacrifiez les méthodes brillantes à celles qui ont ſimples & préciſes. Je ſçai qu'il n'eſt pas aiſé de étruire un uſage établi. Le Public victime du préjugé eut ſouvent qu'on ſe conforme à ſes idées, parce qu'il e croit le juſte appréciateur du mérite des Artiſtes ; nais, ne peut-on pas, ſans l'offenſer, lui repréſenter le idicule des ouvrages qu'il adopte quelquefois (*a*).

(*a*) Il eſt bon de ſe rendre difficile à contenter, & une cer- aine inquiétude philoſophique, qui ne croit jamais avoir attrap- é la perfection, eſt ſeule capable d'y parvenir. (Mémoire de 'Académie des Sciences de 1700, page 241.)

D'ailleurs, eſt-il bien poſſible qu'une rouë d'échapp
ment ne laiſſe jamais rien à deſirer du côté de la pa
faite égalité qu'elle exige abſolument? Dans ce cas,
défauts croîtront ſenſiblement en raiſon de la diſtanc
de l'extrêmité du rayon de cette rouë à ſon centre.
faut donc convenir qu'une longue Aiguille de Seconc
portée par ce même centre, eſt expoſée à ne pas
indiquer avec la préciſion néceſſaire, puiſque le po
d'indication qui eſt l'extrêmité de ſon rayon, excede
beaucoup le diametre de cette rouë, ce qui en augme
les inégalités. L'agrément des grandes Secondes,
ç'en eſt un aux yeux des Connoiſſeurs), doit diminuer
le défaut de juſteſſe qui eſt occaſionné par de long
Aiguilles.

On dira à cela, qu'il y a des moyens de rendre
Minutes naturelles (a) comme les Secondes. Cela eſt vr
mais que gagne-t-on du côté de la juſteſſe de ces d
nieres? ſinon de multiplier les êtres ſans néceſſité, ce
augmente les frottemens à proportion, & d'abandon
cette ſimplicité ſi déſirable dans les Arts méchanique
qui ſeule tendra toûjours à leur perfection.

(a) Cela eſt vrai & on l'exécute de la maniere ſuivante.
conſtruiſant le Mouvement de maniere que la grande rouë,
pour l'ordinaire doit porter le poids, ſoit placée hors de la Ca
pour engréner avec le Pignon qui eſt fixé à la rouë des Minut
qui roule ſur un canon au centre du Cadran; quelque bon
ſoit ce moyen, il eſt ſujet à ne pouvoir mettre la Pend
à l'heure par ſes propres Aiguilles. On y ſupplée encore
ajoutant un ſecond canon ſur le premier avec un frottem
doux, qui porte l'Aiguille des Minutes; on ſent volontiers
cette conſtruction s'éloigne de la ſimplicité de la Pendule ci
dans la Section II. mais une fidéle exécution peut éviter
inconvéniens qui peuvent en réſulter à cet égard. Je conſei
à ceux qui voudroient ſe procurer ces ſortes de Pendules,
s'adreſſer pour cela aux meilleurs Artiſtes.

SECTION III.

Pendules à Secondes, Sonnantes.

N ajoute à quelqu'une de ces Pendules, des mouve-
ns de Sonnerie. (*a*) Alors elles changent de dénomina-
ns, & elles deviennent des *Pendules* à *Secondes, Son-*
ites. Elles vont ordinairement huit, quinze jours, mê-
: un mois, trois mois, six mois, un an, sans être re-
ontées. Elles sont toutes à poids. C'est le seul moyen
procurer à leur marche, beaucoup d'uniformité, une
tesse, & une exactitude qui ne laisse rien à désirer,
qui a parfaitement réussi.

Dans les premiers tems, on a nommé ces Pendules,
ndules Royales, pour exprimer leur bonté, quoiqu'el-
différassent beaucoup de la perfection qu'on leur a
nné depuis.

On a enfin reconnu par nombre d'expériences, qu'u-
Pendule à Secondes, une fois reglée, peut facilement
rcher l'espace d'une année entiere sans se déranger
ne ou deux Minutes, soit en avance, soit en retard.
Exposons les moyens qu'on peut employer pour obtenir
lles une aussi grande justesse.

a) Les Pendules qui sont construites & destinées aux Obser-
ions Astronomiques, n'ont pas besoin de sonner les heures &
demies. Plusieurs même prétendent que cela peut en al-
er l'exactitude. Cependant on fait sonner les Secondes à la
part de ces Pendules pour la commodité de l'Observateur,
qu'il puisse compter plus aisément les instans de son obser-
ion. A cet égard, on pourroit demander si cette Sonnerie
ployée dans un tems, & suspenduë dans un autre ne pour-
t point causer quelqu'altération dans la marche de ces Pen-
es, puisque l'effet de cette Sonnerie n'a lieu, que par le
yen de l'échappement, qui est la partie la plus délicate de
ite la Machine, & à laquelle il ne faut qu'un rien pour la
anger sensiblement.

SECTION IV.

Vrais & seuls Moyens à employer pour perfectionn les Pendules à Secondes, en général.

PREMIER MOYEN.

IL faut joindre la bonté de la construction à la fid de l'exécution, & leur donner la plus grande simpli en réduisant, s'il étoit possible, tous les frotteme zéro.

IIe. MOYEN.

La maniere de suspendre le Pendule perfectionn 1750. par le sieur *Rivaz*, célebre Méchanicien, tribuera beaucoup à leur donner de la justesse & l'exactitude.

IIIe. MOYEN.

L'échappement doit être considéré comme un objets les plus intéressans de l'Horlogerie; il offre i plus grand avantage, puisque sans lui, les Pendul Secondes perdroient tout leur mérite, & ne préfe roient que des erreurs au lieu de la justesse dont elles susceptibles aujourd'hui.

IVe. MOYEN.

Enfin, le dernier dégré de perfection consiste da maniere d'entretenir le mouvement du Pendule avec cord qui doit regner entre le roüage & ce *Régulateur*, rélativement à la disposition de la fourchette, qui la piéce de communication, dont la forme, la mat & la longueur ne sont point arbitraires, comme le tendent quelques Artistes.

Je vais développer ce que je viens d'indiquer, & senter ce que la Théorie & la Pratique m'ont appris ces différens moyens.

(a) Ou *Balancier*.

Le prémier Moyen de perfection dans les Pendules à
:condes, consiste, comme on l'a vû, à donner une cons-
uction avantageuse à toutes les piéces qui composent
: qu'on appelle, en terme de l'Art, le *mouvement* (*a*)
employer, autant qu'il est possible, les métaux les
ieux choisis, & à exécuter le tout avec la derniere fi-
élité. Voilà tout ce que l'on peut dire sur cet Article,
tendu que cet Ouvrage n'est point destiné à donner des
çons de principes d'Horlogerie, & d'exécution.

Les suspensions que je viens d'annoncer comme un
cond moyen de perfectionner les Pendules à Secondes,
nomment *Suspensions à Couteaux*, parce qu'effective-
ent, c'est une espéce de *Couteau* fixé à la Verge, qui por-
: la Lentille. Ce *Couteau* est porté par un Coussinet con-
ave & mobile sur des Pivots, ce qui fait produire à
ut cet assemblage l'effet de la lampe à *Cardan*.

Cette disposition conserve au Pendule la facilité d'un
arfait équilibre qui le fait osciller avec une liberté su-
erieure à tout ce qu'on a tenté. Les Suspensions de *res-
ort* ont été long-tems fort célebres à cause de leur flexi-
ilité apparente, & de ce que *Graham*, Artiste habile
e Londres, *dit*, *que dans le cas des petites oscillations*,
es ressorts employés en suspensions, *les rendoient d'un grand
érite*. Je dis au contraire, avec tous les égards que je
ois à cet excellent Artiste, que son assertion ne s'accorde
oint assez avec l'expérience, pour que tous les Artistes
déferent.

Il est certain que l'on doit absolument abandonner les
nciennes pratiques toutes les fois que les nouvelles leur
ont supérieures. Les suspensions de *ressort* n'ont été bonnes,
que parce qu'il n'y avoit alors rien de meilleur, & que
cel'es à *Couteaux* (*b*) n'avoient pas encore acquis le dégré

(*a*) On nomme le Mouvement d'une Pendule, la Cage qui
enferme, les rouës, d'étantes, &c. sur laquelle est posé le
Cadran.

(*b*) Des Partisans de *Graham*, disent qu'il a fait aussi des Suspensions à Couteaux. Personne n'ignore cela. Mais en tout cas
elles n'ont jamais eu la mobilité ni la perfection de celle de

de perfection dont elles étoient susceptibles (*a*) ? mais, puis que des expériences confirmées par une pratique c stante & journaliere en ont assuré l'excellence, Person je pense, ne s'avisera d'en employer d'autres. Je vais e miner celles qui ont été exécutées les dernieres, & ren un compte fidele des effets de l'une & de l'autre.

SECTION V.

Expérience qui constate l'excellence de la suspension à teaux, & qui prouve en même-temps les defectuosités toutes les autres.

CE fut au commencement de l'année 1752 que je la suspension à *couteaux* de *Rivaz*. Après l'avoir examin j'y reconnus tous les avantages que l'Auteur avoit ann cés. Malgré cela, je voulus m'en assurer par l'expérien Pour cet effet, j'ai, suivant sa méthode, suspendu Pendule propre à battre les Secondes, portant une L tille du poids de 25 à 30 livres, & lui ayant impri un mouvement de 12. dégrés, en l'éloignant de 6. la perpendiculaire, ce Pendule a oscillé seul, l'espace 29 heures, 13 Minutes, 8 à 9 Secondes, sans être t à-fait hors de mouvement.

J'ai suspendu ensuite le même Pendule, & la mê Lentille avec une suspension de ressorts des mieux fai & lui ayant aussi imprimé un mouvement de 12 dég en cet état, il n'a oscillé que 25 heures, 17 minut 11 secondes, d'où je conclus que la suspension à *Coute* étoit préférable à celle de *Ressorts*, malgré la prévent de plusieurs; en ce que 3 heures, 56 minutes 37 sec

Rivaz, ce qui est formellement démontré par les Certificats l'Académie des Sciences qui lui furent délivrés au mois d'A 1749, & au 18 Mars 1750.

(*a*) Les Ressorts, » dit un Artiste habile, se cassent souve » se rétablissent difficilement, sont incommodes dans le tra » port. Le poids de la Lentille agit de maniere, que la c » leur dilatant le Ressort, le froid ne le racourcira pas aut » que la chaleur l'avoit allongé.

, ou environ, que la premiere expérience a donné plus que l'autre dans le même arc de cercle, doit lui riter la préférence à tous égards.

En faisant cette expérience, je m'apperçus qu'elle it encore susceptible de perfection, la cavité du Cous-t étant placée horizontalement sur le support du Pendu-; se trouvoit exposée à recevoir quelques corps étran-s qui auroient pû nuire au trenchant du *Couteau* qui meut dans cette cavité; alors, en altérant ce trenchant auroient aussi altéré l'exacte mobilité qu'on ne peut ez conserver pour la facilité des vibrations; pour évi- le plus léger accident, j'ai renversé le tout de la niere suivante.

J'ai adapté, & rendu fixe la cavité du Coussinet à verge qui porte la Lentille; j'ai mis le *Couteau* ren-rsé sur le support du Pendule; je l'ai rendu mobile mme le Coussinet l'étoit auparavant, en lui substi-ant des pivots. Par ce changement, il est impossible ie rien puisse rester dans la cavité du Coussinet, & ncore moins sur le trenchant du *Couteau* qui se trouve nversé au plan du support, qui, comme je viens de dire, est dans une situation horizontale, & devient support du Pendule. Ce changement m'a paru néces-ire, puisqu'il rend la perfection de cette suspension plus omplette.

Une seconde preuve de la bonté de sa construction, st sa grande solidité, ce qui la met en état de porter a plus pesante Lentille, sans le moindre danger. Avan-age qu'on ne peut trouver dans les suspensions de res-orts qui doivent être trop foibles pour leur procurer tou-e la mobilité possible, qui, par conséquent, ne peuvent porter de fortes Lentilles; ce qui, pourtant, est très-nécessaire, puisqu'il est démontré, que plus un Pendule est pesant, mieux il est en état de réparer les inégali-tés, & le dérangement que le défaut d'éxécution du roüage pourroit occasionner; pourvû, toutefois, que ces défauts ne soient pas trop sensibles.

Il faut encore observer avec la plus grande attention

de diminuer les arcs décrits par le Pendule, & les rend les plus petits qu'il soit possible, afin que les oscillatio deviennent presqu'insensibles au mouvement du roüag autrement on augmenteroit les défauts d'exactitude, lieu de les diminuer. La suite de cet Ouvrage démontre qu'il est indispensablement nécessaire de construire l'échapement d'une Pendule à longues Vibrations, de maniere à ne permettre au *Balancier* que des oscillations très cou tes; alors elles seront moins exposées à être interrompu par les impressions de l'air, qui varie considérableme dans l'espace d'une journée.

Il y a bien d'autres raisons qui prouveroient, sans auc ne réplique, les défectuosités des suspensions de ressort mais ce détail nous méneroit trop loin, & mon plan s oppose. Contentons-nous de dire que la plûpart des A tistes l'employent, parce qu'ils la croyent équivalente celle à Couteaux : peut-être aussi, parce qu'elle est bi moins couteuse, comme étant beaucoup plûtôt faite.

SECTION VI.

Des différens Echappemens soit à repos, soit à recul.

On ne connoissoit point d'autres Echappemens, ve l'an 1720 & 25 pour les Pendules à Secondes, que ce qu'on nommoit *Echappement à Anchres & à Recul.* C Anchre a la forme d'une espéce d'anse à panier, & s'er grenne dans une roue dont les dents sont inclinées forme de Rochet. Un des bouts de cet Anchre est co véxe, & l'autre concave, prenant 3 ou 4 dents & den de sa roüe, & dont la *longueur* de la demi-dent exc dente forme la partie convéxe de l'Anchre, ce qui ren cette partie plus longue que l'autre, & conséquemme les léviers de cet échappement inégaux : ajoutez à cet mauvaise construction que les léviers étant courts, ils fon décrire au Pendule de grands arcs de cercle, & exigen par conséquent plus de force motrice pour réparer ce qu'u long espace en fait perdre au *Pendule* dans chaque ibration.

On sent qu'une telle force étant en partie superfluë, :casionne des frottemens de toutes espéces qu'on est bligé d'adoucir avec de l'huile, qui, par le chaud & le oid, est tantôt claire & limpide, ou tantôt épaisse & oagulée : par ce moyen ces frottemens différens doivent :celerer ou retarder la marche de la Pendule qui peut va- er à vûë d'œil avec un semblable échappement, fut-elle ailleurs la meilleure que l'on puisse exécuter.

Nous verrons plus bas, que les échappemens à répos ont eux propriétés essentielles & même *uniques*; la premiere, t de transmetre au Pendule les forces telles qu'il les çoit du roüage avec uniformité. La seconde, de n'exiger e ce même roüage que très-peu de force motrice, au moyen es petites vibrations qu'il permet au *Pendule*.

Par la diminution des arcs, le *Pendule*, ainsi que je l'ai éjà dit, est moins interrompu par les variations de l'air : e plus, en ne lui en faisant parcourir que de très-petits, ela donne la facilité d'augmenter la pésanteur de la entille du triple, du quadruple de ce qu'on la pouvoit iettre aux premieres Pendules, & cela sans être obligé 'augmenter les poids. (*a*)

On suspendoit dans les premiers tems, le Pendule avec es courroyes de cuir, de soye, ensuite avec des ressorts, ui formoient de vrais *Higrometres*, plus ou moins souples, proportion que la sécheresse & l'humidité les pénétroient. :es sortes de suspensions ne pouvoient être aussi mobiles que os suspensions actuelles, qui, malgré la grande pésanteur es Lentilles & de la verge qui les porte, conservent une telle iobilité, qu'une Lentille de 30 livres bien suspenduë, & loignée de la perpendiculaire de 5 dégrés, peut facile- ient vibrer 24 heures, avant que d'être réduite au repos.

J'ai indiqué, pour troisiéme moyen, les échappemens à epos, comme les seuls capables de procurer aux Pendules

(*a*) Les Poids, en termes d'Arts, se nomment forces motri- es. On doit les employer avec économie, si on veut obte- ir de la justesse.

une justesse constante : Le premier échappement de cet espece parut à Paris en 1728 ou 30. il est de *Graham*, célèb Horloger de Londres, & a conservé son nom parmi les A tistes. Le sieur *Amant*, Maître Horloger, en fit un autre à p près dans le même tems ; mais il étoit susceptible d'être touché. C'est ce qui arriva en 1753 & 1754 où les sieu *Caron*, le *Pautre*, & d'autres Artistes, ayant reconnu s utilité, le porterent à un dégré de perfection au-dessus tout éloge ; il est supérieur à celui de l'Artiste Anglois, ce que les plans d'impulsion, comme les plans inclinés, s à égale distance du centre, & les repos dans un même de cercle. Dans l'échappement de *Graham*, les lévi sont inégaux, les repos sont sur deux arcs différens, qu qu'à même distance du centre ; l'un *concave* & l'au *convexe* ; ce qui peut mathématiquement parlant, ren les deux frottemens différens, par la difficulté d'une parfa exécution.

Le dernier échappement est plus parfait, (*a*) mais, dira-t'on, pourquoi ne l'employe-t'on que raremen Pourquoi tous les Artistes ne l'adoptent-ils pas ? Il facile de le déviner ; c'est que l'exécution n'en est pc aisée. Quoique les Artistes soient intimément persua de son excellence & de sa supériorité sur tous ceux existent, & qu'ils sçachent très-bien qu'il est imposs d'en faire un qui réunisse à la fois autant de bonté & d'av tage, il leur est plus commode de cacher leur impuissa en décréditant cet excellent moyen, qu'en avoüant la vé aux dépens de leur foiblesse.

Quelqu'étrange que soit cette conduite, on ne souvent tenuë que pour s'éviter quelques travaux ! Si nouvel échappement eût été vû & examiné d'abord des *Artistes* aussi intelligens que ceux qui l'exécu journellement, auroit-on osé avancer qu'il est inférieu celui de *Graham* ? C'est à l'expérience seule qu'il faut rapporter ; la théorie est insuffisante, & s'égare souv

(*a*) L'Académie des Sciences l'a approuvé en 1754.

qu'elle n'eſt point éclairée & ſoutenuë par une pratique ſtante & des attentions ſuivies. (*a*)

SECTION VII.

Comment peut-on appercevoir ſi une Pendule a un échappement à repos ou à recul?

N s'apperçoit que l'échappement d'une Pendule eſt à os, lorſque l'Aiguille paſſe d'une Seconde à l'autre, avec forte de précipitation, & qu'arrivée à ſa diviſion, elle eſte ſans conſerver le moindre mouvement, juſqu'à qu'elle paſſe de celle-ci à la ſuivante; où elle ſemble, ır ainſi dire, être tombée de la premiere à la ſeconde. On apperçoit qu'un échappement eſt à *recul*, lorſque iguille des Secondes paſſe d'une diviſion à l'autre, mais ec une certaine lenteur, & lorſqu'elle y eſt arrivée, elle rograde de la moitié ou environ de ſa diviſion, & pa-t retourner ſur ſes pas.

Ce mouvement rétrograde eſt très-éloigné d'être utile, mme le prétendent encore quelques Perſonnes; il eſt ême nuiſible à la Pendule en ce qu'il s'étend juſqu'à la emiere rouë, & en fait remonter le poids, qui, par ſa iſtance forme un obſtacle à la liberté du Pendule qui ſe ouve forcé de revenir plûtôt qu'il ne l'eût fait ſans cela. et effet fait naître des frottemens doubles dans tout le uage, ce qui en altere la juſteſſe & détruit peu à peu machine. Voilà l'effet des échappemens à repos & à cul démontré. On va voir par le raiſonnement tiré de xpérience, lequel des deux eſt le meilleur.

(*a*) Ceux qui connoiſſent à fond la nature des Echappemens, diſconviennent point que celui de *Graham* ne ſoit bon, ant plus aiſé à bien faire que l'autre, ainſi on peut conclure ie de ces deux Echappemens bien exécutés, le premier eſt meilleur.

Supériorité des Echappemens à repos sur les autres.

C'est ici où l'expérience prouve sans le moindre éq voque, que l'échappement à *repos* est supérieur à t les autres.

1°. En ce qu'il ne permet au roüage aucun mouvem rétrograde ; au contraire, il reste sans action, tant qu' des dents de la *roue* d'échappement est sur l'arc de re des léviers, & il n'a d'action que dans l'instant où l'aigu passe d'une Seconde à l'autre ; la *dent* descendant du p incliné ; ce qui est l'action qui rend au Pendule, ce q perd d'une vibration à l'autre, & successivement de mê pour toutes les autres.

2°. Comme il ne permet au roüage aucun mou ment rétrograde, il transmet au Pendule, avec plus d niformité, les forces telles qu'il les reçoit de ce mê roüage, en sorte que la marche de toute la mach reste plus constamment la même.

Ce raisonnement est encore fondé sur l'expérie la plus simple & la plus naturelle ; il suffit d'être atte aux effets pour en connoître toute la force. Comm se peut-il faire qu'il ne soit pas universellement ado Les Artistes sacrifieront-ils toujours la perfection de Art à l'habitude & à l'opinion !

On se rappellera le quatriéme moyen que j'ai do pour la perfection des Pendules à Secondes, qui est la v maniere d'entretenir les vibrations du Pendule. Je vais présenter quelques réflexions sur cet objet négligé, ou moins très-peu approfondi, quoiqu'aussi utile à sça que nécessaire à observer.

Dans la maniere ordinaire d'entretenir les oscillati du Pendule, on se contente de faire porter à l'axe d chappement une piéce de cuivre de 6. à 7. (a) pouc pliée à son extrêmité, en forme d'équerre, & introdu dans une fente longitudinale, pratiquée à la verge

(a) La moitié est plus que suffisante, je le démontrerai demment dans un moment.

Pend

ndule, ou bien cette équerre eſt fenduë, & ſe trou-
nt dans une ſituation horizontale, elle embraſſe le Pen-
le, lequel mis en mouvement, le roüage agiſſant, en
tu de la force motrice, les oſcillations s'entretiennent
ceſſivement, au moyen de cette Piéce nommée com-
unément la *Fourchette*.

On a employé cette méthode, parce qu'il étoit néceſ-
re de donner à l'axe d'un échappement beaucoup de
erté. On ne connoiſſoit point encore les avantages du
uteau, & des petits Arcs, cet uſage donnant une fa-
ité de ſéparer le Pendule de l'Horloge pour la commo-
té du tranſport, & pour d'autres raiſons qu'il eſt utile
détailler; le fit alors adopter, mais ſon peu de juſteſſe
a engagé à le changer, comme on va le voir.

Cette *Fourchette* fixée à l'axe d'échappement, étant
cuivre, ne peut conſerver une longueur fixe & préciſe
la rigueur. La plus petite variation peut augmenter ou
minuer l'arc ordinaire du Pendule, & par-là produire
s erreurs plus ou moins grandes; ce que l'on peut
iter.

Le moyen que j'employe pour obvier à toutes ſortes
nconvéniens, eſt très-ſimple & n'en éprouve aucun.
Je commence par ſupprimer la *Fourchette* de cuivre,
je lui ſubſtituë une verge d'acier (*a*), d'une force pro-
rtionnée à la peſanteur du Pendule, afin qu'elle ne
iſſe point plier dans la reſtitution de ſon mouvement,
r rapport aux différentes denſites de l'Atmoſphere.
tte verge étant droite & d'une longueur proportionnée
celle du Pendule, entre dans une fente mobile à une
appe fixée à la verge, qui eſt l'endroit de la com-
unication du roüage avec le Pendule où cette Piéce diſ-
ſée dans le ſens horizontal, reçoit à angles droits la
rge *d'acier* que l'on fait varier au beſoin par le moyen
une viſſe de rappel qui ſert à mettre l'Horloge dans ſon
happement avec la derniere préciſion.

(*a*) L'Acier ne ſe dilate pas autant que le Cuivre, c'eſt pour-
oi je le préfére autant qu'il eſt poſſible. La dilatation du Cui-
e eſt à 17, & celle de l'Acier à 10.

Par cette diſpoſition, on ſent facilement qu'il eſt différent que cette verge s'allonge ou ſe raccourciſſe. point de communication ne peut jamais changer é fixé au Pendule, & on n'a pas la peine comme autres méthodes de la plier, pour mettre la Pen dans ſon échappement, & de s'expoſer à caſſer ou ſer les dents des rouës d'échappement toûjours délic Enfin, la plus légere intelligence ſuffit pour déplace replacer ſa Pendule, & le ſécours d'un Horloge dev ſuperflu pour cela.

Les quatre moyens de perfection que je viens de montrer ont tellement réüſſi, que l'on connoît pluſ Pendules à Secondes qui vont une année & plus être remontées, dans leſquelles on n'employe que deu trois livres de forces motrices pour faire marcher le roi & entretenir les Vibrations du Pendule dont la l er peſe 70. à 80 livres. Il réſulte donc que les autres mo que l'on a juſqu'ici employé, ſont tout-à-fait inutiles Cycloïſe ne fut qu'ingénieuſe, & les Balanciers c poſés n'ont encore rien opéré de mieux pour la juſt Ils coutent autant que les Pendules où on les applic & ils ſont d'autant plus inutiles qu'il n'exiſte encore cune preuve autentique que cette application ait ja procuré le centiéme de la juſteſſe que leurs Auteur ont publié ; je vais tâcher d'appuyer ce que j'avai dans les Sections ſuivantes.

SECTION VII.

Motif qui ont engagé les Artiſtes à appliquer des B lanciers *composés* (*a*) *aux* Pendules à Secondes.

La Cycloïde dont j'ai déja parlé n'ayant pû do

(*a*) C'eſt un Pendule dont la Verge eſt faite de pu Métaux, ordinairement de Fer & de Cuivre ; on diſpoſ différentes Piéces de maniere, qu'une venant à allonger p chaud, l'autre s'y oppoſe par ſa ſituation, de ſorte qu Auteurs de ces ſortes de Machines prétendent avoir fai Moyens d'empêcher qu'un Pendule ne puiſſe jamais varier

endant plus de 50 ans qu'elle a été employée par les rtistes, aucun dégré de perfection & de justesse, & ssés des essais qu'ils faisoient inutilement pour y parvenir, ils s'aviserent d'attribuer l'inégalité de la marche des endules à la dilatation & à la construction des métaux ue les Physiciens observoient pendant le cours d'une année dans les différentes températures de l'air.

Cette découverte leur fit supposer que c'étoit-là la source des difficultés qu'il y avoit à surmonter, & qu'il suffisoit de toucher cette corde pour élever l'Horlogerie au lus haut période d'exactitude. La pensée eut été excelente, si effectivement on eût pû maîtriser les Saisons, donner aux métaux (on peut s'exprimer ainsi) un ouvoir invincible pour leur résister. Ç'eût été son vrai riomphe, les irrégularités se seroient peut-être évanouies; nais que les Artistes sont sujets à se flatter eux-mêmes, ouvent en s'égarant, tandis qu'ils cherchoient des moyens maginaires de perfection, les véritables étoient entre eurs mains, ils ne les voyoient point. Ce n'étoit point lu côté du Pendule composé qu'on devoit tourner ses ûës, il ne pouvoit fournir la moindre justesse à des machines, d'abord imparfaites, & exécutées sur des prinipes opposés au bon sens de l'Art; cette application, n supposant le roüage bien fait, dépendoit de trois caues assez simples que je répete.

1°. De la construction de l'échappement.

2°. De la maniere de suspendre le Pendule, & d'enretenir son mouvement avec le roüage.

3°. De la diminution des arcs qu'on faisoit décrire au premier Pendule.

Une application heureuse de ces seuls moyens a procuré aux Pendules à Secondes la justesse & l'excellence qu'elles possedent aujourd'hui, tous les autres sont tout-à-fait inu-

sa longueur, quelque chaleur qu'il puisse faire, & quelque froid que l'on puisse sentir, que cet assemblage appliqué à une Pendule à Secondes lui procure une justesse parfaite. C'est ce que je souhaite, en attendant qu'il me soit permis d'en douter.

tiles. Ce qui va être prouvé dans un moment, en p lant des tentatives qui ont été faites, & que l'on encore pour procurer aux Horloges des Balanciers sensibles à la chaleur & au froid.

Cette partie occupe depuis long-tems les plus gra Artistes. Que d'essais n'ont-ils pas faits, & ne font-ils po encore, pour découvrir le juste rapport de la dilatati & de la constraction des métaux! On a beaucoup raiso né sur ces expériences; mais ont-elles été fideles? seriόns-nous point en droit d'avancer qu'à moins que n Spéculateurs puissent réünir plusieurs métaux par la *f sion* dont les rapports de dilatation soient exactement co nus, tous les autres moyens seront inutiles? Sera-ce p la voïe de l'ajustage que l'on y parviendra? Encore moin un rien suffit, pour que l'exécution ne réponde point la précision désirée & nécessaire, & que tous les dégr de dilatation, grands ou petits, deviennent insensibles.

Je veux bien supposer qu'on puisse parvenir à comp ser une verge de Pendule non dilatable, soit par l' nion parfaite de plusieurs Piéces (opération difficile), so par la composition d'une seule, (ce qui pourroit être plus sûr) qu'en résulteroit-il encore pour les autres Pié ces qui constituent toute la Pendule, qu'on ne peut fai que de matiere dilatable? Qui me garentira les Piéc de l'échappement? le plus léger effet peut augmenter o diminuer considérablement les oscillations. On a beau avan cer que les vibrations d'un Pendule sont *issochrônes*, (a grandes & petites, cela peut être, mais seulement jusqu'à u certain dégré; l'expérience nous prouve que les grande oscillations sont plus longues à être parcouruës que les pe tites, & *l'Issochrônisme* dont nombre de Personnes parlen souvent sans le connoître, ne se conserve jamais long-tem qu'avec de petites Vibrations. Mais ne diroit-on pas à voi le ton d'assûrance que prennent nos Compositeurs de Ba lanciers, qu'il n'y a que l'allongement ou le raccourcisse ment de la verge du Pendule qui puisse occasionner *seu* tous les défauts de justesse qu'on apperçoit dans les Pen-

(a) Mot Grec, qui signifie parfaitement juste.

dules à Secondes, mêmes les mieux faites? Pour cela il faudroit qu'effectivement le Balancier variât de beaucoup à le certaines Pendules, très-peu ou point du tout dans l'autres. L'expérience dont je vais rendre compte dans un moment, prouvera invinciblement que la variation du Pendule dans sa longueur est si légère, qu'elle ne vaut pas a peine d'en parler.

Quoiqu'il soit démontré qu'une barre d'acier de trois pieds de longueur & d'un pouce de grosseur, exposée la plus grande chaleur de Soleil, peut s'allonger d'un iers de ligne, qui est *quatre points* (la ligne étant ivisée en douze points), & qu'exposée au plus rand froid, elle se raccourciroit de la même quantité, uoique l'on croye en conséquence de ce fait, qu'une 'endule à la même exposition retarderoit de trente-deux econdes trois quarts, ou environ, en vingt-quatre heues, & qu'elle avanceroit par le froid de la même quanté, faut-il conclure que les Pendules de nos Appartetens (*a*), qui sont assez clos, puissent éprouver de chanemens aussi considérables? y laisse-t'on subsister une aussi ande chaleur & un aussi grand froid? Ces deux extrêmis subsistent-elles dix heures de suite, au même dégré?

J'évaluë donc ces deux excès au quart, c'est-à-dire, 8. Secondes, 11. Tierces d'avances par le froid, & ar le chaud, à 8. Secondes 11 Tierces de retard. oyons d'après cette Théorie, si l'expérience est d'acord avec elle?

'expérience de M. Le Monnier sur la variation de la Pendule.

„ Dans l'excessive chaleur des 16 Juin, & 2 Juillet de l'année 1739. le Thermometre de M. *de Reaumur* étant à 32 dégrés, ma Pendule à Secondes, dit M. *Le Monnier*, a retardée de deux Secondes en 24 heures, dans les grands froids des 6. & 9 Janvier 1740. le Ther-

(*a*) Quelques Sçavans disent que les Pendules à Secondes ne nt point faites pour être placées dans les Appartemens, que r-là, elles sont plus exposées à toutes les Variations que le and froid & le grand chaud peut leur occasionner. Que si es étoient à couvert des intemperies de l'air, ce sentiment

„ mometre étant à 10. dégrés, 30. Minutes au-deſſo
„ de là congellation, la même Pendule a avancée d'auta
„ dans le même intervalle de tems. „

Je crois qu'on ne peut douter de la vérité ni de l'exa titude d'une expérience faite par un Académicien d'ı grand mérite, dont le nom ſeul eſt un éloge. On pe donc s'aſſurer par-là de l'inutilité des Balanciers comp ſés, puiſque deux Secondes de retard ou d'avance ne ſo que le quart des huit que la Pendule auroit dû retard ſuivant cette hypothèſe, (*a*) ainſi le Pendule ne s'eſt do allongé que d'un quart de point, ou environ, qui fo me la 48e. partie d'une ligne; & cela dans la plus gran chaleur, & dans le froid le plus violent. Donc, ſi Pendule s'eſt allongé ou raccourci, c'eſt de bien peu; pe on, de bonne foi, lui attribuer ces deux erreurs? Q oſera aſſurer que les Piéces du mouvement n'y ont eû a cune part, puiſqu'elles ſont faites avec des matieres au dilatables que le Pendule. (*b*)

paroît vrai, mais on peut y remarquer deux choſes eſſentiell

1°. Que quoique tout le Monde ne ſoit point Aſtronom on eſt bien aiſe d'avoir à ſa portée & ſous ſes yeux des Pe dules juſtes.

2°. Que ſi les Pendules des Appartemens ne ſont point poſées aux Variations de celles des Obſervatoires, il eſt tr inutile d'y appliquer des Balanciers d'une conſtruction que démontrerai non-ſeulement ſuperfluë, mais encore inutile nuiſible.

(*a*) On ſent bien que deux Secondes en 24 heures, en do neroient 14 en une Semaine, & alors une telle Pendule ſer défectueuſe; mais on peut s'en prendre à la Suſpenſion de Pendule d'expérience, & au grand Arc de Cercle que Balancier décriroit. Ce ſont deux Cauſes ſuffiſantes de la V riation en queſtion.

(*b*) Le Sieur *Quarc* célébre Horloger Anglois, rapporte qu 1630 il étoit parvenu à régler deux Pendules à Secondes à point d'exactitude, tel qu'elles ne s'étoient point écartées plus de 20 Secondes du tems moyen dans l'eſpace de 8 mo Il eſt certain que le Régulateur de ces deux Piéces n'ét point compoſé, & ſûrement il décrivoit des Axes de 3 o dégrés; l'Echappement de ces deux Horloges n'étoit po à repos, ce qu'il eſt aiſé de penſer d'après l'époque de ce

Il est aussi impossible que les huilles, qui sont à toutes les ırties flottantes de la Machine, & où on ne peut se spenser d'en mettre, conservent dans le froid & dans chaud, la même fluidité.

Personne n'ignore, que par le froid, les huilles s'é-ıississent, & se congelent, alors les frottemens devien-·nt plus durs, la Machine plus gênée, (a) aura perdu nsiblement de ses forces, ou ce qui est la même chose, s poids auront moins de prise sur elles, & la marche sera interrompuë dans la régularité; par la chaleur, ces emes huilles deviendront plus claires & lympides, les iéces de la Machine, plus libres, les frottemens adoucis, qui occasionne des retards, en obligeant le Pendule augmenter l'art de cercle, qu'il décriroit dans un tems oid.

Dans ces deux états opposés, les huilles auront été seule cause des deux erreurs qu'on a remarqué dans s deux expériences, sans que l'on puisse raisonnablement upçonner qu'elles sont provenuës de la variation du Pen-ıle, dans sa longueur spécifique, c'est pourtant sur lui *ul* que roulent tous les dérangemens des Pendules, cela t-il croyable? puisque celles dont j'ai rapporté l'expé-ence n'avoit alors qu'un Pendule d'une simple verge de r du poids d'environ 6 livres, une Lentille de douze écrivant un arc de cercle assez grand. Cet exposé de-roit suffire, pour convenir de l'abus & de l'inutilité du endule composé, & de tous les autres essais qu'on pour-oit faire en ce genre.

Il paroît, qu'en composant le Pendule, on n'avoit en ûë que de l'appliquer aux Horloges exposés dans des ndroits élevés, & à la rigueur du tems, puisqu'il est émontré inutile à celles des Appartemens; mais je crois,

u fameux *Graham*; si *Quarc* en eût imaginé un, tel qu'il eût té, il n'auroit point oublié d'en faire mention.

(a) Ces Frottemens, dit M. *de la Hire*, (Mémoire de l'Aca-émie 1700) causent une inégalité considérable dans le Mou-ement des Pendules, quand l'Huille s'épaissit, ou qu'il s'y en-endre un peu de roüille.

d'après nombre d'expériences, qu'une Horloge eut un Balancier de la plus parfaite composition, & expo de même, pourroit varier autant que si elle n'eût qu Pendule simple, en supposant que les variations proviennent point du Pendule, il y en auroit de to nécessité dans le reste des Piéces, ou dans les huill que l'on doit regarder comme la cause générale de t les dérangemens des Pendules à Secondes, & même toutes les Piéces d'Horlogerie, sans exception.

Quoiqu'il en soit, je préviens que mon dessein n point de payer d'autorité, par les expériences rapport ci-dessus. Il arrive souvent qu'en cherchant une chose a indifférente, on en saisisse une autre fort utile. La plûp des belles découvertes ne sont duës qu'au hazard. S gêner le genre de recherches de qui que ce soit, je puis m'empêcher de dire, qu'on a jusqu'ici négligé l sentiel pour s'attacher à des minuties.

A l'égard de la composition d'un métal, à l'abri d dilatation, pour faire un Balancier qui fera aller les P dules à Secondes avec plus d'exactitude, que celles d M. Le Monnier s'est servi. Je n'ose rien prononcer sur miracle; mais je garderai le plus parfait silence, j qu'au moment où j'en verrai l'accomplissement.

Ce que je viens de dire sur l'inutilité des Pendu composées, fera naître l'objection suivante: je m'atte qu'on me dira. „ Vous démontrez assez bien, que „ Balanciers simples, appliqués aux Pendules, ne s'all „ gent ni ne se raccourcissent que de très-peu, ou mê „ point du tout, par le chaud ou par le froid; m „ dans ce cas, d'où viens donc, qu'à différentes Pendu „ à Secondes on y voit des Balanciers, (qui sont aut „ de *Thermomettres*,) ayant une Aiguille qui parco „ une portion de cercles, portant des dégrés nommés co „ munément dégrés de froid & de chaud!

La réponse à cette objection est si simple, que je prévenuë; mais elle me conduira à l'explication de différens effets, il suffit de démontrer ces sortes de Th momettres, pour s'appercevoir qu'ils sont construits

s Principes du *Pyromêtre*, Inſtrument de Phyſique ex-érimentale, propre à multiplier & à rendre ſenſible les ffets de dilatation & de contraction; ce qui s'opere par moyen de pluſieurs Leviers des trois genres, avec leſuels on parvient à allonger un quart de ligne juſu'à 4. pouces, que l'on diviſe en autant de dégrés ue l'on veut; quoique ſuivant l'Hypoteſe ordinaire, ils oient de la 290ᵉ. partie d'un dégré ou environ, que on donne pour *des dégrés entiers de chaud ou de froid*, ce ui ſuppoſe, ſuivant le principe qu'on à établi à cet égard (*a*), n dégré d'allongement à la verge du *Pendule* dans la 60ᵉ. partie de ſa longueur. Nous verrons dans un moment, ſi cela eſt poſſible; il ſuffit de dire maintenant, que l'effet qui réſulte du Pyromêtre, n'indique rien, par apport à la longueur réelle du *Pendule*, ſinon, qu'il peut 'allonger & ſe raccourcir; mais jamais d'une quantité enſible, & capable d'altérer la marche des *Pendules*.

SECTION IX.

Effets du Pyromêtre, comparés avec ceux qu'on ſuppoſe dans le Pendule composé.

Il y à une très-grande différence entre les effets qui réſultent des expériences du Pyromêtre; ou plûtôt il n'y a pas de comparaiſon, avec ceux qu'on attribuë aux ſimples verges des *Balanciers* des *Pendules* à Secondes. Je vais mettre le Lecteur en état d'en juger, n'eut-il que la plus légere notion des Méchaniques.

(*a*) On ne peut nier que la Température de l'air n'influë ſur tous les Métaux, & ne leur cauſe quelqu'altération plus ou moins grande, ſuivant leur expoſition; c'eſt préciſément pour cela, que je crois aſſez inutile de les exagerer dans la Machine dont il eſt queſtion, en les multipliant à l'infini; uniquement dans la vûë d'en impoſer aux Simples.

Il en eſt de l'effet de la dilatation, dans le Pendule composé en forme de Thermomettre, comme de celui du Microſcope, qui groſſit les objets à la vûë, & non autrement.

D

On sçait qu'un *Pendule*, pour battre les Secondes doit avoir 3 pieds 7 à 8 lignes de longueur, & exprimer en même-tems le rayon d'un cercle de 6 pieds à 19 lignes de diamêtre. Il est bon de dire, qu'une ligne d'allongement, sur la longueur de ce *Pendule*, fournit un retard à l'Horloge, d'une Minute 38. Secondes sur 24 heures. On doit penser delà qu'un pareil raccourcissement produit un avance égale au retard, & dans le même intervalle de Tems. Pour suivre de près nos Auteurs, il faut supposer que la longueur du *Pendule* est divisée en 360. dégrés, ou parties égales, qui donnent environ une ligne un quart de distance entr'elles.

Or, s'il étoit vrai, comme au contraire, il est faux que les *Balanciers* pussent s'allonger par le chaud, & se raccourcir par le froid, d'un, ou de plusieurs dégrés, quels écarts ne feroient point nos meilleurs *Pendules*? car en divisant la portion de cercle indicative de ces *Balanciers* en dix dégrés, dont 5 dégrés pour le chaud, & 5. pour le froid, le chaud donneroit son allongement de 5. dégrés & le froid autant de raccourcissement, ce qui fourniroit six lignes un quart d'allongement, pour la grande chaleur, & autant pour le grand froid, d'où il résulteroit un dérangement d'environt 10 Minutes en 24 heures.

Heureusement, il est démontré que la plus mauvaise *Pendule* à Secondes, ne peut aller si mal, quoiqu'elle n'ait qu'un *Balancier* simple, l'expérience ne nous permet pas d'adopter des effets aussi absurdes; c'est pourtant ce que l'on donne au Public, pour du merveilleux.

Mais on dira, sans doute, que j'ai supposé 5 dégrés de variation en 24. heures, & qu'il peut très bien arriver que dans le même espace, ou même dans un tems d'excès l'effet en question ne soit que du quart, (ce qui est encore un dégré de 12 minutes.)

Il faut remarquer que l'on voit souvent l'Aiguille en question, parcourir toute sa portion de cercle En supposant que l'effet soit conforme à ce dernier exposé, il en résultera toûjours 2. Minutes, 30. Secondes d'erreurs, en 24 heures, puisqu'un seul dégré donne 2 Minutes; je va plus loin, & je réduis ce dégré à sa 20e. partie, l'erreur sera encore de 7. Secondes & demie en 24. heures, qui, au bout d'une semaine, formeroit celle de 58 Secondes, 15. Tierces ; ce qui est encore impossible, d'après la régularité connuë de ces sortes de *Pendules*, lorsqu'elles sont faites suivant les principes cités plus haut.

D'après cette démonstration, il est aisé de s'appercevoir que l'expérience de M. le Monnier peut détruire entierement les divers dégrés, où l'on porte les variations du *Pendule* simple : de-là on peut conclure que tous ces effets qu'on attribue au *Pendule* composé sont faux, ou mal appliqués, & que ces sortes d'instrumens ne sont bons qu'à multiplier la dépense & à diminuer la perfection qu'on doit trouver dans ces sortes de *Pendules*.

Si d'après tout ce qui vient d'être dit, l'inutilité du *Pendule* composé, est suffisamment démontrée, on peut encore aller plus loin, & en prouver la défectuosité. Celle-ci consiste dans la grosseur superfluë de la verge, dont la pésanteur spécifique diminuë sensiblement, en raison de nombre des piéces de cuivre & d'acier, dont on la compose, qui sont de differentes densités, ce qui en augmente le volume en tous sens, sans en augmenrer la pésanteur à proportion, ce volume présentant beaucoup plus de surface à l'air, lui oppose d'autant plus de résistance, qu'il doit plus aisément empêcher la liberté des oscillations, cette résistance seroit moindre, sans doute, si la verge étoit toute simple. Ce n'est point le volume qu'il faut augmenter dans un *Pendule*, c'est sa pésanteur (a).

(a) Il est plus que prouvé que les Lentilles des Régulateurs doivent être très-pesantes. J'en ai dit les raisons, qui réfutent différentes Expériences ; néanmoins plusieurs de nos Compositeurs de Balanciers sont réduits à diminuer la pésanteur spécifique des Lentilles de leur nouveau Pendule, *parce que*, disent-ils, *la grande pésanteur de ces Lentilles s'oppose à la dilatation, ou plutôt à la contraction, ce qui rend les effets qu'on pourroit attendre de ces Machines incertains.* Pour moi je crois qu'il seroit bien plus simple de les supprimer, parce que les incertitudes cesseroient, & qu'aussi on ne perdroit point de tems, & on gagneroit de la justesse.

Il seroit à souhaiter, dans cette circonstance, que l'
puisse diminuer le volume, toutes les fois qu'il faut au
menter la pésanteur. Dans les moyens que l'on a emplo
jusqu'ici, & que je combats, on a suivi tout le contrai
Je demande, si c'est le chemin pour arriver à la perfectio
on peut sur cela consulter l'expérience.

Toutes les épreuves faites jusqu'à présent en ce genr
n'ont donné que des à peu près. Je me rendrai aux ra
sons de nos Innovateurs, lorsqu'ils pourront me montr
qu'un *Pendule* composé aura procuré moins d'écarts
qu'une ou deux minutes au plus, dans l'espace d'un ann
entiere (*a*), à l'Horloge où il aura été appliqué.

On connoît des Pendules, qui, sans cette applicati
couteuse & nuisible, ne s'écartent pas davantage dans
même intervalle de tems, ce qui est une bonne raison po
ne point admettre de variation nuisible dans la longueur d
Pendule simple (*b*).

Si des expériences faites sur des Machines mal construite
ont donné lieu à plusieurs d'assurer, qu'une *Pendule*
sans un *Balancier* composé peut varier de 20. Secondes, e
24. heures, soit par le chaud, soit par le froid, faut-il e
conclure que les mêmes expériences faites sur une *Pendul*
construite sur les vrais principes de l'art, eussent donr
les mêmes erreurs : c'est la prévention seule qui peut fai
naître un pareil raisonnement, & cette assertion ne pe
être recevable (*c*).

(*a*) Je dis l'espace d'une année entiere, parce qu'une épre
ve de quinze jours ne peut être suffisante, pour en juger sa
nement.

(*b*) Quelques Spéculateurs prétendent que dans une Ma
chine composée, telle qu'une Pendule, les Causes qui con
tribuent au dérangement de sa marche, peuvent agir diffé
remment. Que les uns peuvent tendre à la faire avancer, tand
que d'autres tendent à la faire retarder, cela peut être, ma
ne peut-il pas aussi arriver, que ces effets se compensent le
uns aux autres, & par-là, n'en ont occasionné aucun de sensi
ble sur toute la Machine, quant à l'exactitude; voilà précisé
ment ce que l'on cherche depuis long-tems, il ne s'agit plu
que de le trouver.

(*c*) Ce qui a fait porter les erreurs des Horloges, auxquelle

Ayant employé pour ces expériences une Pendule avec
ı échappement à double Levier, & conséquemment à
cul, un Balancier d'une verge de laiton mince, une Len-
le d'environ deux livres, suspendue avec un bout de
ffort aminci & mal ajusté; le Pendule décrivant de grands
cs de cercle, tels qu'on le faisoit autrefois, avec des
achines aussi mal disposées, seroit-il étonnant qu'on ait
ì appercevoir 18. ou 20. Secondes d'erreurs, en 24 heu-
s, dans des extrêmités de chaud & de froid? Encore
e fois, on n'en peut rien conclure, & ce n'est qu'avec
s machines bien faites que l'on doit faire la moindre des
périences, à cet égard. Ce que j'ai dit plus haut peut
ffire pour résourdre toutes les difficultés qu'on pourroit
ire à ce sujet.

Pour procurer au Public des *Pendules* à Secondes, soli-
s, régulieres & les moins couteuses, qu'il soit possible je
e renfermerai dans une simplicité proportionnée aux
rconstances.

Je les construirai, suivant les principes, que l'expérien-
& un long travail m'ont fait connoître, elles seront fidé-
ent exécutées. Les échappemens y seront à repos &
la meilleure composition, avec une verge de *Pendule*

n'applique qu'un Pendule simple, à 20 Secondes en 24 heu-
s, c'est un Extrait des Transactions Philosophiques dans l'année
26. dans lequel *Graham* dit, » Qu'une Pendule faite avec un
très-grand soin, placée sous les Toîts a varié de 25 à 30 Secondes dans l'espace de 24 heures entre le tems le plus
chaud & le plus froid. L'Auteur attribuë ces deux défauts
à ce que cette Pendule n'avoit pour Régulateur qu'un Pendule d'une simple Verge.

Il y a apparence que la *Pendule* de M. *le Monnier*, plus ré-
nte, est bien mieux faite, puisqu'il n'est question, dans
Experience citée plus haut, que de deux Secondes d'erreur
ns un pareil intervalle de tems, & dans les extrêmités de cha-
ır & de froid.

Graham ne nous dit pas quelle étoit la Suspension de
n Pendule; de combien de dégrés l'arc qu'il décrivoit étoit
mposé, ainsi que la nature de l'Echappement de la Pendule
expérience, tout cela auroit été de conséquence pour pouvoir
tuer sur les Résultats de l'expérience qu'il rapporte.

d'une *ſimple* barre de fer proportionnée à la péſanteu
la Lentille, à qui je ferai décrire de petits arcs de cer
avec ces importantes précautions ; je répondrai de la juſ
& de l'exactitude de la marche de mes *Pendules*, c
toutes les Saiſons.

C'eſt par l'égalité de la marche des *Pendules à Secon*
que les Aſtronomes ont découvert les inégalités appare
du cours du Soleil, après avoir obſervé ſcrupuleuſen
de combien il paroiſſoit s'en écarter, pendant une ar
entiere, & à quel tems de cette année les erreurs,
d'avance, ſoit de retard, étoient plus ou moins granc
ils ont reconnu que la plus grande étoit une avance d
Minutes & un quart ou environ au premier & 2 Novem
que celle de retard étoit de 14. Minutes & trois quarts & p
vers le 10. Février. Ces Obſervations ont procuré le mo
de dreſſer des Tables nommées à cet effet, *Tables d'Eq*
tion du Soleil, pour toute l'année.

Lorſqu'on fut bien aſſuré qu'une *Pendule à Seconde*
pouvoit, ni ne devoit ſuivre le cours du Soleil, dont
variations étoient connuës ; on imagina des moyens de
procurer le double avantage d'indiquer exactement l'h
du Soleil, & celles qu'elles donnoient ordinairement avec

Après de grandes recherches & d'ingénieux eſſais, c
eſt enfin parvenu, & on a nommé les *Pendules* qui offro
cette belle application, *Pendules à Equations.* Avan
tems on étoit obligé de remettre à l'heure 5 ou 6 fois
mois, une *Pendule à Secondes*, ſi on vouloit qu'elle ſu
à peu près le Soleil.

D'ailleurs, le peu de lumieres qu'on avoit alors en Aſ
nomie, faiſoit penſer qu'une bonne *Pendule* devoit ſu
le Soleil. (*a*) Combien de perſonnes ſont encore dans c

(*a*) Il y a apparence qu'on ne s'eſt apperçû de l'inégalit
retour du Soleil au Méridien, qu'après avoir vraiſembla
ment un peu perfectionné les Meſures propres à l'obſer
Cette perfection commença par l'application du Pendul
l'Horloge par *Vincent Galilée*, Fils du fameux *Galilée*,
thématicien du Grand Duc de Toſcane en 1649. On dit q
vant ce tems-là, le célébre *Tichobrahé* ſe ſervoit d'une fice
au bout de laquelle il attachoit une Balle de Plomb, c

..r, & s'imaginent que la différence qu'elles trouvent
e les Pendules & le Soleil, vient effectivement de leur
ut d'exactitude ? Essayons en leur faveur de faire voir
usseté de ces sentimens, en citant plusieurs exemples
prouveront leur méprise.

SECTION X.

*..érence sensible entre la marche égale des Pendules à
..econde, & celle du Soleil, avec les causes de ses
inégalités apparentes.*

..r dit dans la Section précédente, que la marche du
..il n'étoit point uniforme à beaucoup près, pendant le
..s de l'année; mais ce n'est pas assez, il faut prouver
..errations. Pour cet effet, on ne peut mieux faire que
..apporter fidelement les Résultats d'Observations que
..Astronomes les plus attentifs ont faites depuis plusieurs
..es.

..e célébre *Flamstéed* paroît être le premier qui ait dé-
..vert les inégalités apparentes du Soleil, contre le sen-
..nt de Ptolomée, & de bien d'autres Auteurs : Nous
..ns de lui, les premieres Tables d'équation, le tems
..expérience les ont perfectionnées; on a obligation de
..justesse actuelle à celle où les Horlogers ont porté les
..dules à Secondes, sur l'exactitude desquelles tous les
..vans s'accordent à penser qu'il est impossible qu'elles
..ssent suivre le Soleil seulement deux jours de suite dans
..oit en mouvement pour observer le passage des Astres.
..ous égards on peut croire qu'on n'a pû avoir une connois-
..e bien parfaite des Variations du Soleil, qu'après que l'in-
..eux *Hayghens* eût appliqué ce *Pendule* d'une façon à en
.. toute la justesse, relativement à la construction des Hor-
..s de son tems.

.. est également vrai que les Astronomes étoient en petit
..bre, & quand on dit que le peu de connoissance qu'on
..t alors en Astronomie, faisoit penser qu'une bonne Pen-
.. à Secondes devoit suivre le Soleil; on ne se trompe pas
..eaucoup, puisqu'une bonne partie du Monde le croit encore.

aucun tems de l'année : j'en dirai les causes à la Se suivante. Quant à présent, je vais citer quelqu'époqu ces variations qui acheveront de détruire ce préjugé est possible.

Les Tables d'Equation font voir qu'à midi du pre Janvier de l'année bissextille le Soleil retarde de 3 Mi 59 Secondes ; qu'au même jour de la seconde anné retarde de 4 Minutes 20 Secondes ; de 4 Minutes 14 condes, à la troisiéme année ; & dans le même tems quatriéme année, il retarde de 4 Minutes 5 Secondes une *Pendule à Secondes* parfaitement règlée, par port à ce qu'on nomme le *Tems moyen* ; le *vrai*, étant celui que le Soleil nous donne sur les drans. Son retard se continuë en augmentant, en que le 11. Février, il est parvenu à 14. Minutes trois q ou environ sur la *Pendule*, qui donne, par conséqu Midi 14. Minutes, 45. Secondes ou environ, le jour sui le retard diminuë d'une Seconde, cette diminution a jusqu'au 14. Avril, lequel jour, les deux Tems sont é à six Secondes près de retard ; le 15. le Soleil avance d Secondes, ce qui en fait 9. de différence entre le *moyen* & le *Tems vrai*, ensuite, l'avancement du S croît jusqu'au 18. Mars ; son avance est alors de 4. Mi & plus. Le jour qui suit, il rallentit sa course de 2. Sec & en la diminuant peu à peu jusqu'au 15. Juin, il se tr ce jour-là rapprocher du *Tems moyen* à 8. Secondes Le lendemain 16. il commença à retarder de 8. Seco & continuë cette course tardive jusqu'au 26. Juillet, jo il retarde de 5. Minutes, 56. Secondes sur le *Tems m* Le 27. son retard commence à diminuer d'une Sec puis de 2. 3. & ainsi de suite ; ensorte que le 31. il se trouve pour la troisiéme fois d'accord avec la *Pen* à 8. Secondes près. A compter de ce jour, il hâ course & la porte jusqu'à 15. 20. 21. Secondes d'un à l'autre ; enfin, le 2 Novembre, cette avance est d Minutes, 9. à 10. Secondes sur le *Tems moyen* : les qui suivent, il retarde tellement que le 24. Déce entre une *Pendule à Secondes* bien réglée & le Sole doit se trouver que quelques Secondes de différence avec Pendule; le lendemain il retarde de 30. Secondes, & ce ard continuë de maniere que le 31. de ce mois il a à retardé de 3. Minutes, 52. Secondes. Ce retard accu- lé devient bien plus considérable dans les mois de Jan- r & Février, ainsi que nous l'avons dit en commençant. s écarts du mouvement du Soleil fidelement rendus vant les Tables, prouvent que sa marche n'étant pas nstante & uniforme, il n'est jamais possible de bien ler sa *Montre* ou sa *Pendule*, sans le secours des Tables quation.

On convient que c'est une peine d'être obligé de met- journellement la main à sa *Montre* ou à sa *Pendule*, pour r faire suivre le cours du Soleil, & pour sçavoir de mbien elles s'en sont écartées; mais on ne peut l'éviter 'en se procurant des *Pendules à Equation.*

On verra, à la suite de cet Ouvrage, leur propriété & dégré de perfection où je les ai portées, ce qui pourra terminer à en faire usage, d'autant plus volontiers, que par r moyen, on est dispensé pour toute l'année d'y toucher ur les regler, & même si l'on veut pour les monter, endu que l'on peut les faire aller une année & plus, sans e pour cela elles puissent être moins solides & moins écises.

On peut donc regarder, comme un agrément réel celui avoir en tout tems l'heure juste sous ses yeux, par le oyen d'un Méridien perpétuel que ces *Pendules* four- ssent naturellement.

Beaucoup de Personnes pensent que les différentes va- ations du Soleil, sont réglées, suivant les différentes ngueurs des jours; mais ils se trompent: il est facile e le voir, en jettant les yeux sur les Tables, & en se ppellant les Epoques que j'ai citées.

Dans le tems où les jours croissent, le Soleil retarde avance. & dans le tems où les jours décroissent, le oleil avance & retarde: ce n'est donc que sur les Ta- les, qu'il faut compter absolument.

Les Lecteurs éclairés regarderont comme superflu, que je viens de dire des variations du Soleil; & p seront sans doute, que le détail que j'en ai déjà fa devroit suffire.

Mais comme ceux qui liront mon Ouvrage, ne pas tous également instruits sur cette partie, j'ai crû c explication utile; j'ose même avancer, que c'est l'ex rience journaliere, qui m'a déterminé à la donner. ne peut assez combattre les préjugés ridicules que peu de connoissance a établi, & qu'une certaine adulat conserve, au détriment des vérités démontrées aujourd' avec autant d'évidence.

Je vais donner les causes, qui contribuent à ren la marche du Soleil irréguliere; mais de crainte de tromper dans une partie qui ne m'est pas absolument miliaire, j'emprunterai le langage de Messieurs les Ast nomes.

Le jour civil, ou *solaire*, est la durée d'une révolut entiere de la Terre autour du Soleil sur une des 3 parties de son mouvement annuel, c'est-à-dire, qu'en to nant sur elle-même toutes les 24 heures, elle parc un dégré, ou environ de son Orbite, suivant les di rentes saisons de l'année.

Le jour astronomique, est aussi la durée d'une révolut entiere de l'Equateur, & de la partie qui répon celle de l'*Ecliptique*, que le Soleil parcourt par son m vement propre pendant un jour naturel, de sorte le jour astronomique a plus de 24 heures equinoxial puisqu'avec la révolution entiere de l'*Equateur*, il y a core une petite portion qu'on y ajoute, ce qui rend jour astronomique, plus long, que le tems de 24 h res equinoxialles, parce que si le Soleil ne se mouv point dans l'*Ecliptique*, & qu'il retournât directem du point d'où il seroit parti, alors, une révolut entiere de l'*Equateur*, mesureroit le tems égalemen mais parce que le Soleil avance d'un dégré ou envir chaque jour, vers l'Orient, cela fait que cet Astre peut se trouver le lendemain que d'environ un dégré

ſtance du même point de l'*Equateur*, où il étoit la
ille à ſon Méridien.

Le Soleil parcourant inégalement le cercle de l'*Equateur*
cauſe de l'irrégularité du mouvement de l'*Ecliptique*, dont
us les dégrés ne paſſent pas en tems égaux ſous le Méri-
en, comme tous ceux de l'*Equateur*; c'eſt préciſément
qui fait que tous les jours de l'année ne ſont point égaux
tr'eux, non plus que les heures d'un même jour ne ſont
s égales entr'elles : auſſi voit-on que les jours de Nombre & de Décembre pris enſemble, ſont plus longs
21, 28 & 30. Secondes, que ceux des mois de
ptembre & Octobre quoiqu'il y ait de part & d'autre
jours.

Cette inégalité du mouvement du Soleil vient de ce
e l'Orbite qu'il décrit, n'eſt pas tout-à-fait concentri-
e à la Terre, & en partie, de ce que des arcs égaux de
Ecliptique, qui eſt oblique à l'*Equateur*, ne paſſent pas
ûjours par le Méridien avec des parties égales de ce
ême *Equateur*.

Voilà les cauſes apparentes de l'inégalité du mouve-
ent du Soleil, par rapport à nous, & pourquoi les
urs ne ſont pas égaux entr'eux. Les Lecteurs qui ſou-
iteront une plus grande explication ſur ces cauſes peu-
ent conſulter les Ouvrages de Meſſieurs *Caſſini*, *la
aille* & autres.

SECTION XI.

Des Pendules à Équation.

LES premieres *Pendules* à *Equation* parurent à Londres
ers l'an 1692, elles furent imaginées par le nommé
rottoon ou *Cretkon*, Horloger Anglois. Cette décou-
erte fit grand bruit, & parvint juſqu'au Roi (*a*) qui ai-
moit les Méchaniques. Il ſouhaita l'avoir, & d'en faire
épreuve ; il en fut ſi ſatisfait, qu'il en fit faire une au-

(*a*) C'étoit Guillaume III. ſurnommé le Conquérant.

tre à l'Auteur, qui alloit 400 jours, sans avoir beso d'être remontée. Ayant de nouveau éprouvé celle-ci en fit présent à Charles II. Roi d'Espagne en 16, qui la fit placer dans son Palais, où elle fut observ par les Sçavans de ce tems-là, qui ont rapporté qu'e indiquoit *exactement le tems égal*, & le tems apparent. (

L'épithete d'*exacte* pourroit bien être suspecte dans Lettre du Pere *Kresat*, qui observoit cette *Pendule* p ordre du Roi. Il seroit plus naturel de penser que nouveauté de ces effets lui tint lieu de l'exactitude ava cée, d'autant plus qu'alors, on ne se servoit que des *T bles Rodolphines*, qui sont irrégulieres, étant calculé suivant le Calendrier Julien, qui donne à l'année, d jours de plus que le Grégorien, ce qui fait, que po avoir l'heure du Soleil, le 25 Février, il faut retourn au 4. & ainsi de même pour tous les autres; delà, voit qu'on a des raisons suffisantes pour douter de l'exa titude de cette nouvelle *Pendule*.

Cet exposé fait en même-tems connoître, que *Pendules à Equation* sont anciennes. Elles parurent France en l'année 1717. Je ne dirai pas le nom de c lui qui fit les premieres; ce qu'il y a de certain, c'e que, dès qu'elles parurent, tous les Artistes se mirent en faire chacun une de leur chef, & se parerent tous particulier, du titre d'Inventeur: on vit alors auta de constructions différentes, qu'il y avoit de *Pendul* Plusieurs seront portés à croire, que le motif de to tes ces compositions différentes, avoient pour but la pe fection. (C'est ce que l'expérience n'a prouvé que trè foiblement). On sçait seulement, qu'à mesure qu'ell paroissoient, on les décoroit du nom de nouvelles; c'est c qui engage à penser, que le vrai motif de tant de char

(*a*) Les effets de cette nouvelle Pendule surprirent telleme toute la Cour, qu'un Officier du Roi voulut gager sa Tête qu'elle ne produiroit jamais l'effet qu'on avoit annoncé; ma cette Pendule ne s'étant dérangée en rien pendant tout ce tems là, cet Officier se trouva fort heureux d'avoir rencontré de Gens plus prudens que lui.

nens, naissoit de l'envie de se faire une réputation
is un genre nouveau & singulier; comme si aux yeux
Connoisseurs, la perfection d'une Machine, à qui
donne, pour ainsi dire, la vie, par de nouveaux
grés d'utilité, & d'excellence, étoit d'un moindre
rite, que de pouvoir se dire Auteur de quelques In-
tions, qui n'offrent encore que des essais informes &
ssiers. (*a*)

Il est rare, surtout, en Méchanique, que ce soit l'In-
nteur qui mette en usage sa découverte: celui qui
net en état de servir, mérite donc les applaudisse-
ns publics, & l'Auteur lui doit toute sa reconnoissan-
, puisque sans lui, elle devenoit inutile, & tomboit
s l'oubli?

Les premieres *Pendules à Equations* ont été combinées,
lessein de partager les deux grandes errations du So-
l, seul moyen en effet, pour que les deux *tems* puis-
t se trouver quatre fois l'année ensemble, & le reste
tems, à ne s'en écarter tout au plus, que de 5. à 6.
inutes, d'avance, ou de retard.

Cette méthode prévalut long-tems, parce qu'elle étoit
nforme aux Observations de la plûpart des Astrono-
es (*b*) & aux Expériences faites pendant un grand nom-
e d'années; mais, vers 1715. un nouvel Auteur vint
anger les idées du Public, à cet égard; & par sa nou-
lle maniere de faire indiquer les *Equations* du Soleil, il
treprit de renverser les premiers effets universellement
optés, sans doute, en connoissance de cause: jettons
coup d'œil sur cette Innovation, & voyons ce qu'elle
d'avantageux, pour lui faire mériter la préférence sur
premiere, qu'il a fallu nommer *moyenne Equation*, puis-
e l'Auteur de la derniere l'a nommée *grande Equation*.

(*a*) » Les Corrections que l'on fait à des Inventions connuës, peuvent, à la vérité, frapper moins les esprits, qui n'ont fait les Inventions mêmes, qui avoient l'éclat de la nouveauté, mais quelquefois, elles ne sont ni moins utiles, ni moins ingénieuses. Hist. de l'Acad. année M. D. CC.

(*b*) *Flamsteed* est le premier, sa Méthode est fondée, & meilleure qu'on puisse suivre.

SECTION XII.

Effets des Pendules à grandes Equations.

LORSQUE par le moyen de cette *Pendule*, on v
ſçavoir l'heure du Soleil, il y a une opération d
rithmétique à faire, de ſorte que ſur vingt Perſonn
on auroit peut-être peine à en trouver deux, qui v
luſſent s'en charger, s'ils connoiſſoient les difficultés c
y a à eſſuyer, pour ſe la rendre utile, & tant ſoit
commode.

Je ne connois point l'Auteur de ces *Pendules*; n
je crois qu'il les a imaginées pour le ſeul plaiſir de
nouveauté, ou de la ſingularité, en heurtant de f
des uſages reçus & autoriſés par une pratique aſſez l
gue; mais voyons en premier lieu, ſi, par hazard,
Méthode ne ſurpaſſeroit pas la nôtre, ou plutôt celle
fameux *Flamſteed*, qui eſt la premiere, ſoit pour la juſt
ſoit pour la commodité.

Le principal effet de cette *Pendule*, conſiſte à êtr
16 Minutes, 10 Secondes, en avance ſur le Soleil,
même qu'il eſt égal au *tems moyen*. On entend par c
égalité, lorſque les *deux tems* ſont enſemble, ou p
mieux dire, lorſqu'une *Pendule* à Secondes, très-bien
glée, marque Midi, comme le Soleil au Méridien: &
lorſqu'il eſt à ſon plus grand retard, elle avance de
Minutes, 5 Secondes. Comme on ſçait que le retar
Soleil n'excéde jamais plus de 14 minutes trois quarts,
demande pourquoi une ſi grande avance, dans le t
même où elle devroit retarder, puiſqu'une *Pendu*
Equation doit ſuivre le Soleil exactement; mais il
ſçavoir, qu'une prétenduë perfection de celle-ci,
celle de ne jamais retarder, en voici la raiſon.

Comme elle eſt diſpoſée pour être à 16 Minutes
plus, en avance ſur le Soleil, dans le tems même où

tre eſt d'accord avec *le tems moyen*, cela fait, que ſqu'il retarde ſur ce même tems, ne fut-ce que d'une nute, c'eſt déjà une de plus que les 16 déjà dites; uelle jointe à ſon avance naturelle, en fait dix-ſept; ſi plus le Soleil retarde, plus elle avance, & étant venuë à ſon dernier Période de retard, vers le 10. v ier, lequel eſt de 14 Minutes trois quarts ou en-on, ces 14 Minutes trois quarts étant unies aux 16. Secondes cideſſus, donnent la quantité de 31 Mi-es, ce ui eſt pour ce jour là, 16. Minutes, 10 Se-ndes d'inutiles.

La Table qui ſe trouve à la fin de cet Ouvrage, aſ-era de la vérité de ce que j'avance.

Veu-on encore un exemple de ſon peu d'exactitude? voici : Le 18 Avril, on veut ſçavoir quelle eſt l'heu- juſte du Soleil, en conſultant la Table, on trouve 'il avance de 47 Secondes ſur *le tems moyen*, qui, conſéquence retarde d'autant, & ne donne que 11 ures, 59. Minutes, 13. Secondes. Lorſque cet Aſtre au Méridien, on regarde à la grande *Equation*, & on it qu'elle indique Midi, 15 Minutes, 28 Secondes, en ranchant 47. qui eſt l'avance naturelle de ce jour, il tera 14 Minutes, 41 Secondes de trop.

Il y a plus, c'eſt que les 13. & 14. Avril, les 16. 17. Juin, 30. & 31. Août, 24. & 25. Décembre, quatre Epoques offrent le *tems vrai*, égal au *tems yen*, la grande *Equation* en eſt éloignée de 16 Minu- 10. Secondes. Qu'on jette un coup d'œil ſur la Ta-, & l'on verra qu'elle ne ſe trouve qu'une ſeule fois nnée avec le Soleil, à 5. Secondes près. Cet heureux cord arrive le premier au 2. Novembre, on ſçait e le Soleil avance ce jour-là de 16 Minutes un quart le *tems moyen*, & c'eſt auſſi un des quatre jours de nnée, où il n'y a point d'*Equation* ſenſible. Un plus ng détail devient inutile ici, & le Lecteur ſenſé verra 'il n'y a point d'apparence, que la grande *Equation* été faite pour ſuivre le Soleil. C'eſt une choſe démon-e; c'eſt ce qui a fait dire à pluſieurs Perſonnes : à quoi donc une telle *Pendule* est-elle bonne ? On po roit leur répondre, à donner des erreurs.

Je désirerois connoître l'intention de l'Auteur de *Pendules.* Peut-être en avoit-il d'autres que celles de nouveauté ; mais en tout cas, qui pensera jamais q ne *Pendule* va bien, lorsqu'elle indique mal ? Encore fois, une *Pendule à Equation*, doit suivre le Soleil tout tems, elle ne doit jamais s'en écarter (*a*).

J'ai scrupuleusement suivi ce Principe, dans leque persisterai, jusqu'à ce que les Sçavans en décident trement. Je ne sacrifie point à un usage ridicule & pricieux, ce que l'expérience d'un nombre d'années enseigné. Je soutiendrai donc qu'une *Pendule à Equa* doit suivre exactement le cours du Soleil, & lorsqu produit cet effet sans erreurs sensibles, elle doit préférée à toutes les autres, quelles qu'elles pui être.

Le célebre *Leibnits* paroît être de mon avis. Il écri à *Sulli*, en 1716, que la maniere la plus naturelle la plus sûre de produire les *Equations* du Soleil justesse, étoit bien opposée à celle qu'on employe pa moyen des grandes *Equations.* Je me fais une loi de pe comme ce grand homme, dans une circonstance aussi j

Parcourons les différentes *Pendules* que l'on a succ vement données au Public dans ce genre, & exami avec la plus parfaite impartialité, si elles sont les f d'une expérience consommée, ou si plûtôt l'amour d nouveauté ne les auroit pas produites.

SECTION XIII.

Examen de quelques Pendules nommées Pendules à Equation, *sans courbes.*

En 1724. les *Pendules* à Equation ayant fixé l'adm tion publique, les Sçavans les adopterent, & presque

(*a*) Quoique les variations des grandes & moyennes Equa soient les mêmes, celle-ci présente un louche, auquel o s'accoutumera jamais.

Artiſtes les voulurent exécuter à quelque prix que ce ; ce qui fit que pluſieurs Perſonnes ſe trouverent abuſées. es ne voyoient que de foibles Eſſais, qui cependant leur ient préſentés pour des Chef-d'œuvres. Pluſieurs de ces *ndules* ſubſiſtent encore parmi nous : telles ſont celles, xquelles on ajoute, pour toute cadrature, une ſeconde guille des Minutes, que l'on nommoit l'*Aiguille du leil.*

Veut-on en tirer quelqu'utilité ? On doit l'avancer & retarder journellement : Ouvrage qui ne peut ſe faire que r quelqu'un d'intelligent, parce qu'il faut avoir égard à la emiere Aiguille, qui eſt celle du *Tems moyen*, & prendre plus grand ſoin, pour ne pas la déranger ; il faut pour cela oir à chaque fois à la main, les Tables d'Equation.

On a enſuite varié cette Méthode ſans la changer entiere-ent, on a ajouté un cercle tournant, dans le centre duquel trouve renfermé le Cadran de ces ſortes de *Pendules.* a gravé ſur ce cercle les douze mois, avec les avances les retards relatifs à chacun d'eux ; mais ainſi que l'Ai-ille précédente, on eſt obligé de le mouvoir, d'une iſion à l'autre, ſi on veut que la *Pendule* ſemble mar-er à peu près l'heure du Soleil.

On en a fait d'autres, dont les mouvemens de Sonnerie nduiſoient le cercle de l'*Equation*, elles font alluſion x premieres ; mais quel déſagrément de voir le Cadran yé, pour ainſi dire, dans une mer de lettres, de chiffres, diviſions, & de n'avoir plus la clarté & la ſimplicité 'il exige, joint au peu de juſteſſe de l'*Equation* pen-nt la journée, puiſque les Sonneries ne marchent point iformément.

Il eſt bien clair, que de telles *Pendules* ne méritent gué-s qu'on y faſſe attention, attendu, (comme je l'ai fait ir dans l'Expoſé) qu'il en faut être l'Eſclave, pour n ſervir, en les pouſſant au doigt journellement. N'eſt-il s plus gracieux que ces effets s'operent naturellement, iſqu'il eſt poſſible de le faire avec la derniere préci-n (*a*) ?

(*a*) La Conſtruction biſarre des Pendules à Equation, & le peu

Autre Pendule, non moins ridicule que la premie

Un Artiste qui a écrit sur l'Horlogerie, il y a qu
années, s'est avisé de blâmer indifféremment tout
cadratures qui indiquent l'Equation, par des Aiguil
Minutes pour le *Tems vrai* & *moyen*, il dit, sans disti
& sans preuves, que toutes ces *Pendules* sont des Ouv
compliqués, (c'est aussi pour cela que je les *simplifie*
qu'elles sont susceptibles d'une infinité d'erreurs. Il a
qu'il possede un excellent moyen pour les remplace
verra dans un moment, si ce qu'il avance, est seule
possible.

D'adord son moyen n'est pas nouveau, on le doit
Maître Horloger, qui le fit paroître en 1688. & qui l'
donna, dès qu'il l'eut vû operer.

Dix ans après, le P. *Alexandre* renouvella cette i
tion; mais ses défauts étoient connus, & elle n'eu
de succès; ce qui a pû éblouir notre Auteur, c'est q
moyen est séduisant dans la spéculation. On va lui pr
cependant, que quelqu'application qu'il en fasse, &
que perfection qu'il lui donne, il ne vaudra jamai
pour la fin à laquelle il le destine.

Pour y parvenir, on fait porter le *Pendule* par un L
du second genre. Ce Levier, comme *puissance*, repo
un bout sur une Elipse (*a*), dont les différens éloigne
de son centre, font allonger & raccourcir le *Pendule*, c
la *résistance*, le point *d'appui* se trouve entre les d

de lumieres des Artistes pour en exécuter d'exactes,
presque fait abandonner cette utile partie de l'Horlo
Que d'habiles Artistes s'en emparent, & l'on verra si les
dules à Equation mériterent jamais d'être oubliées. Leur
d'ailleurs n'est-il pas des plus grands? lorsqu'une Machine
rend attentifs à ce qui se produit de plus nécessaire dans
ture, lorsqu'elle suit l'Astre qui éclaire & anime tout l
vers. Qu'est-ce que les Méchaniques peuvent exécuter de
digne d'attention?

(*a*) *Elypse* ou *Courbe* est la même chose, pour la forme d
quadrature des Pendules à Equation.

cet expédient bon ou mauvais, la *Pendule* peut avan- & retarder d'elle-même, relativement au dégré d'é- gnement des bords de la courbe à son centre, pourvû ıtefois que cette courbe soit bien taillée; mais cet effet impossible, & nous allons le montrer.

Le calcul d'allongement ou de raccourcissement du Pendule, *fondé sur le principe, que le quarré du nombre des varia- ns, en tems égaux, est réciproque à la longueur du* ndule.

Ce principe est vrai, mais seulement dans le *Pendule* nple (a). De-là qu'on taille la courbe, suivant le calcul 'il donne, il n'arrivera jamais que le *Pendule* varie de quantité nécessaire & précise; la plus petite faute d'exé- ıtion dans cette courbe, étant dans le cas d'être répétée 5400 fois en 24 heures, fournira des erreurs très-sen- oles; & on se trompe, lorsqu'on dit, „ que l'endroit défectueux de la courbe étant passé, le *Pendule* ira bien. „ uoi! dans la totalité de cette courbe, ne peut-il pas se ouver cent fautes d'exécution, plus ou moins grandes? soutiens donc, qu'une telle *Pendule* ne peut suivre le *ems vrai*, encore moins le *Tems moyen*, & qu'elle doit otter entre les *deux*, sans en indiquer un positivement.

Prêtons lui, si l'on veut, l'avantage d'indiquer le *Tems rai*, en faisant produire par un agent, étranger au mou- ement de l'Horloge, l'effet du retard & de l'avance, qui st l'allongement ou le raccourcissement du *Balancier*, elle e pourroit encore remplacer les *Pendules* à Equations, uisque celles-ci doivent indiquer exactement le *Tems rai* & le *Tems moyen* à la fois. Comment d'ailleurs s'assu- er de l'exactitude de la marche d'une *Pendule*, si elle ne lonne que le *Tems vrai*? On est souvent 15. & 20. jours, ans voir le Soleil au Méridien.

D'un autre côté, comment pouvoir regler une *Pendule* ou une *Montre* sur la marche d'une Machine, dont la per- ection consiste, à avancer dans un tems de 18. 20. &

(a) Un *Pendule* simple, est une Bale de Métal au bout d'un Fil, sans pésanteur.

21. Secondes par jour, & retarder dans un autre de 25. 2
30. auſſi en 24. heures, & ne ſe trouver jamais juſte de
jours de ſuite, dans le courant de l'année entiere.

Tout le monde ſçait parfaitement, qu'on ne ſe ſert
Tems moyen, que parce que le Soleil ne luit pas toûjou
autrement, il ſeroit inutile; cependant, c'eſt par ſon
cours, qu'on eſt parveuu à regler & à connoître le *Te.*
vrai. Pluſieurs bonnes raiſons s'oppoſent à n'employer que l'
On peut compter entr'autres choſes; les difficultés d'av
d'excellentes *Pendules* à Equation: le prix qu'on ſer
obligé d'y mettre, ſi elles étoient bien exécutées,
l'indifférence de certaines Perſonnes, qu'une parfaite juſte
touche peu.

Continuons à obſerver les Aſſertions du nouvel A
teur. Il dit, „ qu'une *Pendule* de cette conſtructio
„ pourroit ſervir de *Pendule* Aſtronomique, attend
„ que, ſelon lui, ſon mouvement ne ſera pas ſenſibleme
„ dérangé pendant pluſieurs jours de ſuite, & qu'elle
„ changera pas de plus d'une Seconde en 24. heures.

Ce ſeroit ici le lieu de faire ſentir la foibleſſe de c
raiſonnemens. On pourroit lui pardonner d'avoir écrit
une partie de ſon Art, qu'il n'avoit peut-être pas enco
exercé avec aſſez d'attention; mais ſi je dois à la vérit
je dois autant à la bienſéance, & je me contenterai de dir
qu'entouſiaſmé de ſon moyen & de ſon apparence
bonté, il a oublié que dans toute l'année, il n'y a pas h
jours, où le Soleil varie d'auſſi peu qu'il le dit, & qu
avoit apparement perdu de vûë les Tables du *Tems moye*
au Midi *vrai*. S'il les eût conſultées, il eût vû ſon erreu
& il ne ſe ſeroit jamais aviſé de donner cette mauva
eſpéce de *Pendule*, comme ayant aſſez de juſteſſe po
obſerver les Aſtres, puiſque les Obſervations ne ſe fo
ordinairement qu'avec des *Pendules à Secondes ſimples*, ſ
la marche deſquelles on déduit l'Equation, ſuivant le ter
de l'année où on ſe trouve lorſqu'on veut obſerver.

SECTION XIV.

tre espèce de Pendules *assez usitées, dans lesquelles on supprime l'Aiguille des Minutes du* Tems vrai, *afin d'éclaircir le Cadran, que l'on imagine embrouillé par quatre Aiguilles utiles à cette* Pendule.

LUSIEURS Artistes, pour rendre les P*endules* à Equa-n, plus simples, (& sans doute aussi plus aisées à faire) : osé insinuer, que celles dans lesquelles l'Equation est liquée par des Aiguilles de Minutes, étoient très-vi-uses; que quatre Aiguilles embronilloient le Cadran, qu'elles pouvoient être souvent confonduës; qu'enfin, étoit très-facile de se tromper dans leur usage, & de endre l'une pour l'autre, ce qui pouvoit induire souvent erreur.

Cet Exposé est pour le moins suspect, & ne peut poser qu'aux Simples. Ce n'est point, & ce ne sera nais des Aiguilles qui embrouilleront un Cadran, ce it au contraire, les Chiffres & les Divisions dont il est argé, qui troublent ceux qui en font usage; aussi, est-ce ur cela, que dans mes *Pendules à Équation*, je suppri-: les douze heures du Cadran, je n'employe que les iiffres des Minutes, de cinq en cinq, par ce moyen leur donne plus de grosseur, pour qu'on les ap-rçoive avec plus de facilité, & dans ces Pendules les ures sont indiquées par un Moyen simple & ingénieux. se espérer que le Public voudra bien leur accorder son ffrage.

Le vrai moyen de rendre un Cadran plus clair, n'est int de supprimer aucune Aiguille, elles sont toutes la plus grande nécessité dans cette espece de Pendule; ailleurs, cette suppression l'éclairciroit-elle davantage? s trois Aiguilles restantes n'offenseroient-elles pas en-re la délicatesse de nos Innovateurs? Mais vous vous

abuſez, me dira-t-on encore, on peut prendre l'u
l'autre ; la mépriſe jettera dans de grandes erreurs.
ſi cela eſt poſſible.

Diſtinction facile des quatre Aiguilles.

La premiere, & la plus éloignée du Plan du C
eſt celle des Secondes, ſa forme, ſa légereté, ſo
de vîteſſe ne permettent pas qu'on la prenne pc
autre.

La ſeconde, c'eſt celle du *tems moyen*, elle eſt c
bleu, on la diſtingue des autres facilement.

La troiſiéme, eſt celle des Minutes du *tems*
elle eſt dorée, & a pour l'ordinaire des marques
noncent que c'eſt elle qui ſuit le Soleil.

La quatriéme eſt celle des *heures*, ſa forme &
gré d'indication, en empêchent la mépriſe abſolu

Comment peut-on donc ſe tromper ? Ne ſeroit-o
droit de croire, qu'on ne fait la ſuppreſſion de l'
des Minutes du *Tems vrai*, que pour avoir la com
de ſupprimer toutes les Piéces deſtinées à lui fai
duire ſes effets ?

Moyens employés pour remplacer l'Aiguille ſuppr.

D'abord, on fait tourner le fond du Cadran, &
grave une quarantaine de Chiffres néceſſaires au P
l'on ſe propoſe, avec autant de Points & de Div
ſans y comprendre les douze Heures, ordinaires
certaines *Pendules*, & ſeulement ſix dans d'autr
qui forme un nouveau Cadran, qui doit repréſe
mouvement annuel du Soleil, & qui devient ſeul l'I
teur de ſes *Equations*.

Effets de ce Méchaniſme.

Lorſque le *tems moyen* eſt égal *au tems vrai*, (
poſe être au 24 ou 25 Décembre). Le Midi d
veau Cadran ſe trouve ſous celui du premier direct

Aiguilles de la Pendule y étant arrivées, marquent à fois ces deux Midis ; lorsque le Soleil retarde vers le Février, le Midi du nouveau Cadran est alors avancé rs les trois heures du premier, les Aiguilles l'ayant at- nt, marquent encore Midi au Soleil, quoiqu'il soit au ıs *moyen*, Midi près du quart, il remonte ensuite, & 14 Avril il est de retour sous le Midi du premier Ca- an, d'où il étoit parti la premiere fois; ce jour-là les ux tems sont égaux pour la seconde, ainsi que les 17 in & 31 Août. Vers le deux Novembre ce Midi mo- le a rétrogradé plus bas que les neuf heures; c'est-à-dire, Chiffre 44 des Minutes du premier Cadran, les Ai- illes l'ayant joint à cet endroit, marquent encore Midi Soleil, quoiqu'il ne soit au *tems moyen* que 11 heu- s, 43 minutes, 45 ou 50 secondes.

Il résulte de tout ceci, qu'à telle place que le Soleil présenté par ce *Midi* mobile, puisse se trouver dans Orbite qu'il décrit, les Aiguilles y étant parvenuës, in- quent Midi au Soleil. On a donné cet effet au Public our du merveilleux, en disant que les Aiguilles indi- ent à la fois, les deux *Tems*, ce qui est faux ; par cette sposition, celle des Heures ne peut marquer Midi au oleil, *juste*, que lorsque les deux *Tems* sont égaux; ce ui n'arrive que quatre fois l'année. Le reste du tems, ce est que celle des Minutes qui l'indique, de plus il s'ensuit ue la révolution de ce nouvel Indicateur, n'est pas assez nsible, pour être vû distinctement, puisqu'il n'employe ue le demi cercle de son Orbite, qui n'a que 2 ou 3 ouces de Diametre pour 365 jours un quart; ne peut-il as aussi arriver qu'il se passe 30. ou 40. jours, sans que on puisse appercevoir si l'*Equation* a varié ou non, sur- out dans les Mois de Février & de Juillet, où les bords e la Courbe sont le plus près de son Centre.

Il n'est pas non plus naturel, que ce soit un Cadran ui tourne, car il doit charger la Cadrature inutilement; e plus, c'est que les différentes situations de ses Chif- es, qui se trouvent, tantôt droits, tantôt renversés, uelquefois à droite, & d'autres fois à gauche, doivent changer perpetuellement les points de vûë, & rendr Cadrans beaucoup plus embrouillés, que lorſque les *dules* ont quatre Aiguilles, & tous les Chiffres ſont ici de moins ; d'ailleurs, eſt-ce là repréſente marche du Soleil, dans le cercle immenſe qu'il ſemble décrire ?

Pour donner gain de cauſe, à nos Innovateurs, il droit ſuppoſer que cet Aſtre dût ſuivre tous les n vemens qu'ils lui donnent. Je crois que cette penſée non-ſeulement abſurde, mais encore inadmiſſible. La thode de n'employer qu'un ſeul Cadran, & deux Aigu de Minutes, prévaudra toûjours, & on va voir, ſi en e elle ne mérite pas la préférence.

Dans toutes les Cadratures où on employe l'Aig des Minutes du *Soleil*, elle y eſt la premiere & la p cipale piéce, elle coopère à tous les effets; c'eſt m elle qui les fait naître, elle fait, ainſi que l'Aiguill *Tems moyen* 8766. révolutions chaque année. Ce n'eſt tout, elles les fait inégalement avec le *Soleil*, dont ne s'écarte jamais, ſoit, dans la plus grande avance, dans ſon plus petit retard, par conſéquent el e ſe tro quatre fois l'année, juſte avec l'Aiguille des Minute *tems moyen*; tantôt en avance ſur elle, tantôt en ret & jamais deux jours de ſuite à égale diſtance l'un de l tre; enfin, c'eſt elle qui donne la préciſion à tous effets, qui accompliſſent l'excellence & la juſteſſe *Equations* du *Soleil.*

Après le détail que je viens de donner de ces eff je ne crois pas que Perſonne puiſſe ſenſément applau à un auſſi foible équivalent, & croire qu'un triſte f de Cadran, accablé de Chiffres & de Diviſions, remp cera une Aiguille dont l'utilité abſoluë eſt prouvée a autant d'évidence, & qu'il contribuera à l'éclairciſſem d'un Cadran. Rien, en un mot, ne peut égaler la c modité, la juſteſſe, la ſimplicité & la ſolidité des Cad tures bien faites, dans leſquelles cette Aiguille eſt emplo lorſqu'elles ſont faites avec la perfection requiſe & diſpenſable.

Lorſ

Lorsque je me suis plaint des désavantages de cette suppression, on m'a répondu, „ qu'on ne l'avoit faite, qu'a- „ près s'être apperçû que la Cadrature *d'Equation*, com- „ posée pour indiquer les Minutes du *Soleil*, avec une Ai- „ guille, exigeoit des poids énormes ; qu'étant forcé d'em- „ ployer 6. à 7. tant rouës, que pignons ; on étoit obligé „ de mettre des ressorts entre ces mêmes rouës, pour suppri- „ mer la grande quantité de jeu des différens engraina- „ ges ; que tous ces ressorts produisoient des frottemens „ considérables, qui rendoient cette Cadrature très-dé- „ fectueuse & fort compliquée ; qu'enfin, ces inconvéniens „ avoient déterminé d'habiles Artistes à en supprimer „ une partie, pour les rendre plus simples, & plus aisées „ à exécuter. „

Deux mots d'un Rapport extrait des Registres de l'Académie des Sciences, vont répondre à ce foible raisonnement. Les voici, tels qu'on les trouve dans les Mémoires de l'année 1726.

„ *Lorsque toutes les Piéces qui font mouvoir la Cadra-* „ *ture, sont montées sur le mouvement de la Pendule,* „ *il ne faut qu'une once & demie de force pour la faire* „ *mouvoir.* „

Cette Approbation donnée à un Maître Horloger au mois de Janvier 1726. fait juger de la sagacité de nos faiseurs de suppression. Si leurs Ouvrages eussent été bien faits, & qu'ils n'eussent employé, pour les faire marcher, que deux ou trois onces de poids, les auroit-on trouvé d'une pésanteur énorme ?

Devroit-on jamais entreprendre des Ouvrages au-dessus de ses forces ? Pourquoi la connoissance & l'expérience n'accompagnent-elles pas nos travaux ? ne s'expose-t-on pas à se tromper, & à tromper les autres ?

Après avoir démontré les incommodités qui se trouvent dans la plus grande partie des modernes *Pendules à Equation*, je ne crois pas inutile d'ajouter, que les Artistes sont autant partagés sur la maniere de faire produire les effets de chacune en particulier, que sur celle de les construire.

Les uns prétendent, que celles qui donnent les
tems à la fois, sont vicieuses, par la difficulté de n
pouvoir construire avec toute la simplicité qu'ils le
sireroient; ils ajoutent, qu'il n'est pas possible de re
exactement, dans une seule Machine les deux *tems*,
comme on sçait, sont entierement opposés, l'un pa
tement égal, qui est *le tems moyen*, & l'autre au
traire, tout-à-fait inégal, qui est le *tems vrai*.

Les autres disent, que les *Pendules* qui n'indiquent
le seul *tems vrai*, sont les plus commodes, eû é
à leur simplicité: deux mots suffisent, pour réfute
foibles objections.

1°. Il n'y a aucun doute qu'il soit très-possible de
des *Pendules à Equation*, parfaitement exactes, au
ment je me flatterois d'avoir fait l'impossible. 2°. A
gard de la seconde Objection, elle est illusoire, qu
la simplicité, en se rappellant ce que j'ai dit plus h
néanmoins pour la commodité dans celles qui n'indiq
que le seul *tems vrai*, il en pourroit être quelque ch
si leur construction pouvoit parer aux inconvén
qui en résultent, & que j'ai décrit à la page 43.
tion 13. & si cette Méthode pouvoit être susceptibl
la moindre justesse.

Ces Objections avancées à dessein, ne peuvent i
resser que ceux qui les font. Le Lecteur, attentif a
voir, que tout ce que j'ai dit sur ces objets, est app
sur l'expérience, qui prouve quelle est l'étenduë de
connoissances dans cette partie de l'Art que je cul
par goût, depuis long-tems, à la perfection duqu
crois avoir ajouter, soit du côté de la simplicité, soi
celui de la précision; aussi ne suis-je nullement surp
que l'on mette encore en question, *s'il est possible de f*
des Pendules, qui puissent donner, avec la justesse requ
les Equations du Soleil, tous les jours de l'année, rel
vement au tems égal, qu'elles doivent donner en m
tems. C'est, sans doute, la rareté du fait, qui fait
ter cette importante question; il est vrai, & je le
pete, que dans l'exécution de ces *Pendules*, on s'est

ccupé de la singularité des effets, que de leur précion, qualité cependant essentielle, & à laquelle je me uis singulierement attaché. A cet égard, je prie mes Lecteurs d'honorer mon Ouvrage d'un peu d'attention, ils s'assureront, en le lisant, que la question de sçavoir s'il est possible de faire des *Pendules à Equation*, qui ayent la précision que l'on désire, est frivole. Il est vrai qu'elle n'existe point dans la plûpart de celles que l'on connoît; mais ce ne peut être une raison valable pour ne point éprouver celle que je présente.

De quelle confusion ne se couvriroit point un Artiste qui tromperoit le Public, sur un objet aussi intéressant. J'avouë que la justesse à laquelle j'ai porté ces *Pendules*, est très-difficile à saisir, & je dirai de plus, qu'il n'y a qu'une seule construction, avec laquelle on puisse y réussir complettement, nonobstant les précautions immenses qu'il faut prendre pour égaler la courbe sur les Tables, dans la perfection de laquelle, tout le mérite de la piéce gît, les autres n'étant que des accessoires, mais cependant indispensables. C'est ce qui a fait dire à un Amateur, qui m'a vû plusieurs fois travailler à la vérification des effets de mes *Pendules*, „ que tout Artiste qui ne seroit pas „ doüé de la plus grande patience, ne pourroit jamais „ faire une *Pendule à Equation*, tant soit peu correcte.

SECTION XV.

Exposition succinte d'une Pendule à Equation, qui n'a aucun des mouvemens que nous venons de montrer.

J'AI exécuté une *Pendule à Equation*, qui n'a aucun des défauts de celles dont nous avons parlé, elle remplit exactement les trois conditions désirées en Méchanique, qui sont ;

1°. Une simplicité réelle & effective.

2°. Une solidité qui en est inséparable.

3°. Une précision dans les effets, son vrai & uni-
mérite.

Il n'y a, & ne peut y avoir ni jeu, ni vacillation d
le mouvement de rotation des Aiguilles, (a) cette *P*
dule n'a que 3 rouës de Cadrature, pour les Minut s
tems vrai & moyen, & pour le mouvement an..el,
Piéces qui la composent, en très petit nombre,
disposées de maniere, que rien ne peut altérer la ust
de leurs effets, ni troubler l'harmonie qui regne dans t
l'ensemble. Elle a deux Aiguilles des Minutes, *vr*
& *moyennes*, & n'en déplaise aux Partisans de la gr
de *Equation*, elle est construite pour indiquer la moy
ne. (b) Toute la Cadrature en mouvement n'exigera
mais un poids de 3 onces, de plus que celui qui est
cessaire, pour entretenir les Vibrations du *Pendule*,
la marche du mouvement : elle est à sonnerie, sans

(a) Défaut général de la plûpart des Pendules à Equation,
ce qui les rend irrégulieres en partie.

(b) Comme étant la plus commode, la raison en est simp
c'est qu'elle suit journellement le Soleil, il n'y a qu'un c
d'œil à donner, pour avoir l'*heure Solaire* juste.

Si l'on est curieux de sçavoir d'où vient cette différence
tre la grande & la moyenne Equation, on peut consulter la
gle artificielle du tems, par *Sully*, pag. 17 de l'Extrait de
Lettre du Pere *Kresat*, *Jésuite*, écrite en 1715. On po
choisir des deux Sentimens de ces Auteurs, celui que l'on trouv
le meilleur & le plus d'accord avec l'expérience. En attenda
je soutiendrai toûjours, qu'une Pendule à Equation doit sui
journellement le Soleil, sans jamais s'en écarter d'une quan
sensible. Je demanderai même comment peut-on sçavoir l'he
précise du Soleil, si la Machine destinée à l'indiquer, ne p
le faire exactement, qu'à près de 16 Minutes dans un te
à 20, 25 & 31 dans un autre, &c. si elle n'est d'accord a
cet Astre, que seulement 15 jours de suite dans toute l'ann
à quelque chose près.

Tel est l'effet de la grande Equation. On dira que les V
riations de la grande, comme de la moyenne, sont les mêm
cela peut-il être ? mais qui est-ce qui ne conviendra pas qu'
Soustraction à faire, chaque fois qu'on veut sçavoir l'heure p
cise du Soleil, est désagréable, ou pour le moins incommod
désagrément & incommodité inconnus, & même impossib
dans la moyenne Equation.

dégagement des détentes à chaque heure, puisse
re en aucune façon à l'uniformité de sa marche. Tout
st disposé par des moyens simples & faciles, sa consſtion lui donne l'avantage de sonner exactement les
res du *Soleil*.

e célébre *Hughens* perfectionna les Montres, en donnt aux ressorts reglans la forme spirale, si nécessaire,
sans laquelle on n'auroit jamais pû tirer d'elle la moinjustesse. Sans oser me mettre en paralelle avec ce
nd Homme, j'aspire à une petite portion d'un honr semblable, & je me flatte, que lorsque le Public
a vû mes Ouvrages, en ce genre intéressant & utile,
trouvera un point de perfection jusqu'ici inconnu. (*d*)

Utilité des Pendules à Equation.

Je conviendrai toujours que les Montres sont plus utique les *Pendules à Equation*, & qu'elles sont aussi
n usage plus général, qu'elles ont de plus la facilité
transport; mais on aura toujours besoin des *Pendules Secondes*, pour les régler, puisqu'aucune mesure ne
t approcher de leur justesse. On sçait aussi, que lors'une Montre ne varie que de 7 à 8 Minutes par Se-

Je ne suis pas assez présomptueux, pour me parer du Titre
nventeur des Effets dévelonpés dans cet Ouvrage. J'ai dit
s haut, le tems où ils nous étoient parvenus. Mon unique but
la perfection, & je crois en avoir le plus approché, mais
i'ai point pour cela, ce sentiment arrogant, qui croit que
t doit lui céder. Il seroit insensé de penser, que ce que j'ai
ris par la Pratique & l'Observation, un autre ne le puisse
e. Une lumiere en fait naître une autre, & les Arts se pertionnent par des dégrés insensibles.

Je désirerois, qu'en Horlogerie, le Public ne se hâtât
oint de prononcer sur le mérite d'une Machine quelconque,
nais qu'il attendit l'aveu unanime des Connoisseurs, & des
Ouvriers habiles & sans prévention. Cette attente seroit utie aux Arts, & l'Artiste distingué y trouveroit un avantage.
l est arrivé mille fois que de bons morceaux d'Horlogerie,
ont tombés, soit par la modestie des Auteurs, soit par la
alousie de leurs Confreres, qui possédoient au suprême dégré
'art de fasciner les yeux du Public & d'en imposer.

maine ; elle est regardée par les Connoisseurs, co un Chef-d'œuvre de l'Art, & elle l'est effectivement Personnes qui en portent, seroient bien étonnées, leur prouvoit qu'elles se trompent souvent dans le j ment qu'elles en font, lorsqu'elles avancent que Montres marchent avec plus d'égalité : si elles voul bien les comparer à de justes mesures.

C'est donc précisément la propre variation des M tres, qui les fait paroître bien aller aux yeux de qui ne veulent pas se donner la peine de les obs sur des mesures précises, & si elles se rencontrent quefois avec le Soleil, au Méridien, ou même quelques *Pendules à Secondes*, il ne faut attribue effet qu'au hazard ; cependant je sçais qu'il y a des sonnes assez raisonnables, pour ne point exiger de Montre, une justesse égale à celle d'une *Pendule à condes*, d'autres qui ont assez d'intelligence, pour cher à la rosette à propos ; à l'effet de leur faire s le Soleil ; mais on conviendra que c'est le plus petit bre. J'ajoute aussi que les Artistes seroient trop heu si tous ceux à qui ils fournissent, soit *Pendules* ou *tres*, se vouloient prêter à les conduire avec toute l'a tion nécessaire.

C'est avec le *tems égal* que donne une bonne *Pe à Equation*, que l'on doit régler sa Montre, & lors le va passablement bien, le *tems vrai* que la même *dule* indique, sert à mettre la Montre avec le So puisque c'est sur lui que nous nous reglons dan usages.

D'ailleurs, il ne luit pas journellement, & on pas toujours à portée de le voir passer au Méridien *Pendules à Equation* tiennent lieu de l'Observ qu'on pourroit faire de cet Astre, avantage que je lai Lecteur à examiner, & dont il sentira toute l'utilité.

SECTION XVI.

Méthode ordinaire de régler les Pendules à Secondes sur le mouvement des Etoiles fixes.

J OUTE ici la Méthode ordinaire de regler les *Pen-s* sur le *tems moyen*, par les Etoiles fixes. Les Sçavans préferent au Méridien, parce que les Etoiles fixes élerent constamment leurs apparitions, tous les 14 heu-, de 3 Minutes, 56 Secondes.

Pour employer cette Méthode, & s'en promettre des cès, on choisit un endroit élevé, & par le secours d'une nette fixée solidement, on observe avec attention, la miere Etoile fixe qui se présente.

On peut remarquer, qu'en supposant que l'Etoile ob-ée, passe aujourd'hui à l'endroit observé, à 9 heu-du soir précises à une *Pendule à Secondes*, le len-nain elle y reparoîtra à 8 Heures, 56 Minutes, 4 ondes.

i dans l'intervalle d'un jour à l'autre, la *Pendule* noit 4 Minutes, elle auroit avancé de 4 Secon-, on s'en assure par une deuxiéme Observation, car st facile de se tromper de plusieurs Secondes, en ob-ant.

i on étoit assuré qu'elle eut avancé effectivement de econdes, plus ou moins, il faudroit descendre la ntille, par le moyen de l'Ecrou sur lequel elle porte, en ournant un peu de droite à gauche, ce qui fait retarder *Pendule*, un peu.

i, une autre fois elle retardoit, on feroit à l'écrou, le traire de ce que nous venons de dire. On le tourneroit de che à droite, tant soit peu. On aura le soin de remettre *endule*, exactement, à l'heure, autrement, en suppo-que l'effet de cet écrou eut été suffisant, elle resteroit

en retard ou en avance, de la même quantité, & sans c
précaution, on la croiroit encore dérangée.

Il faut éviter dans ces Observations, de prendre
Planette pour une Etoile fixe, elles ont des mouvemens p
pres, que les Etoiles n'ont pas, ce qui les fait rec
noître avec un peu d'attention.

Explication & usage des Tables, qui servent à regler le Pendules à Secondes, *sur le Soleil.*

Les Personnes qui font usage des P*endules à Secon* seront sans doute flattées de trouver à la fin de cet vrage :

1°. Des Tables du *Tems moyen* au Midi *vrai*; c'est-à-d les Heures, les Minutes & les Secondes que doit donner P*endule* à Secondes, parfaitement reglée sur le *m* *mouvement du Soleil*, lorsqu'il passe au Méridien (*a*).

On entend par *moyen mouvement du Soleil*, lorsque Astre suit le tems égal, donné par une P*endule* à Seco très-bien reglée, ou bien lorsqu'il suit une Etoile fixe paroissant retarder sur elle, de 3. Minutes, 56. Secon en 24. heures ; ce qui arrive vers les 11. Février, 15 M 27 Juillet & 2. Novembre. Ce sont ces seuls quatre jou l'année, où le Soleil ne varie point sensiblement.

Ces Tables, au nombre de quatre, sont calculées quatre années de suite, à commencer par la Bissex Elles ne sont utiles à proprement parler, que pour suivre le Soleil, autant qu'il est possible aux P*endu* Secondes simples.

La premiere de ces Tables, est destinée aux an Bissextiles, telles que 1772. 1776. 1780. 1784. &c.

La seconde, servira pour les années qui suivent les Bi tilles, comme 1773. 1777. 1781. 1785. &c.

La troisiéme, pour les troisiémes années, après la Bi

(*a*) Il faut observer que Midi étant le milieu du jour, on à la rigueur régler ces Pendules à ce moment, d'autant c'est celui où le Soleil est à sa plus grande hauteur. L'e d'un Midi à l'autre, se nomme *un Jour Astronomique*.

te, telles que 1775. 1779. 1783. 1787. &c.

La derniere enfin, pour toutes les années qui précédent les Bissextilles, comme 1771. 1775. 1779. 1783. &c.

Chacune de ces Tables, est composée de cinq Colonnes.

La premiere, pour les Jours du mois.
La seconde, pour les Heures. } *Du Tems moyen.*
La troisiéme, pour les Minutes.
La quatriéme, pour les Secondes.

La cinquiéme, indique la différence d'un jour, dont le
ms moyen varie, suivant le Méridien, quoique ce soit le
eil qui arrive, tantôt plûtôt; tantôt plus tard sur la
ne méridienne.

'ai ajouté une cinquiéme Table que j'ai disposée de ma-
re à tenir le milieu entre celles des quatre années qui la
écédent, toutes ces Tables ont entre elles des différences
nsidérables d'un jour à l'autre; de sorte que si l'on en
uloit faire le calcul exact, & n'en former qu'un *seul*, sous
nom de Table *générale*; la difference journaliere seroit
p inégale en raison de ce qu'elles doivent être dans l'ordre
linaire, c'est ce qui a fait que j'ai commencé par resser les 48. Tables ordinaires des quatre années de suite;
s j'ai calculé la cinquiéme dont on doit se servir, tant
ır observer les *Pendules* qui indiquent les moyennes
uations que pour tailler les courbes, sur lesquelles
fait produire la marche du Soleil. Je viens de dire
j'ai calculé cette Table, pour tenir à peu près le
lieu entre les autres; voici la raison de ce calcul. Si,
exemple, on tailloit la courbe d'une *Pendule* sur la Table
la premiere année; cette *Pendule* ne pourroit se trouver
e l'année suivante, attendu que le Soleil retarde dès le
mier jour de 21. Secondes sur la premiere Table; cette
eur est considérable, quoiqu'on n'y fasse pas attention,
s'accumule & devient plus grande par la suite. Ainsi
Table que j'ai faite, au lieu de ne donner au Soleil que
Minutes, 59. Secondes de retard au premier de Janvier,
donne 4. Minutes 9. Secondes & demie, ce qui est le
lieu entre toutes les quatre années à pareil jour. Cette
servation est aisé à faire en consultant les Tables qui sont

inferées dans cet Ouvrage, qui cependant ne peuvent se à la rigueur que pour regler les *Pendules* & les *Mon.* sur le *Tems moyen* de chaque année.

J'ai auffi réuni à la Table univerfelle, celle de la gra Equation; quoique je combatte les *Pendules* qui l'in que, je ne me flatte point de détruire une Méthode c facrée par l'ufage de beaucoup de Perfonnes; d'aillleu comme je l'ai dit, les variations des grandes & des moy nes Equations étant les mêmes, cette Table peut utile à tout le monde.

Ces deux Tables réunies, contiennent 8 Colonnes

La premiere, indique les jours du mois.

La feconde, les Minutes. (*a*) } *de la grande Equatio*
La troifieme, les Secondes. }

La quatriéme, les Heures. }
La cinquiéme, les Minutes. } *de la moyenne Equat.*
La fixiéme, les Secondes. }

La feptiéme, donne la difference du mouvement du léil, d'un jour à l'autre, fur le *tems moyen.*

La huitiéme, qui commence au premier Janvier p N°. 73 enfuite au 6, par le N°. 1 fervira aux Artiftes.

On peut fe fervir de toutes ces Tables, 40 ou 50 nées de fuite, fans éprouver d'erreurs bien fenfibles

Enfin, on trouve une Table pour l'accélération des Et fixes, calculée fur un mois de 31 jours.

L'ufage de cette Table eft connu, & la Section 1 cet Ouvrage en a donné l'intelligence.

CONCLUSION.

IL ne me refte plus, qu'à engager, avec le zéle Artifte, qui défire la perfection de fon Art, les

(*a*) On n'y a pas marqué les Heures, parce que ne reta jamais fur le *Tems moyen*, elles deviennent inutiles.

(*b*) Pour vérifier la Courbe d'Equation de cinq en cinq j dont l'année commune donne 73 fois 5 qui font 365 jou.

nes éclairées & impartiales, de me faire part des eurs qui pourroient m'être échapées dans le cours cet Ouvrage, si elles daignent m'adresser leurs Obvations, j'en ferai usage, j'avouerai mon erreur, je conformerai à leurs sentimens, en me persuadant 'ils s'accorderont avec l'expérience, toujours prêt à safier l'amour propre à la vérité.

Si d'autres Personnes y trouvent quelque chose d'inin-igible, si les Calculs, ou leur application les embar-ſent, je leur expliquerai, autant qu'il dépendra de oi, ce qui pourra les arrêter. En outre j'aurai la pré-ution d'avoir des *Pendules* faites sur les Principes que nonce, à l'effet de satisfaire les Connoisseurs qui sou-iteront m'honorer de leur visite. On me trouvera ijours les après-midi.

Quoique mes Recherches ne soient pas d'un grand mé-e, quelques peines qu'elles m'ayent données, ce qui console, & ce qui m'a soutenu, lorsque j'ai pris la olution de les communiquer au Public, c'est que je i pas fait un pas, sans être guidé par l'expérience. vant que d'écrire, j'ai exécuté vingt fois la même ose; après cet aveu, qui peut me donner quelque oit à l'indulgence du Public, je me soumets à sa dé-ion, & je le prie de ne pas oublier, que je ne suis 'un simple Artiste.

FIN.

La Demeure de l'Auteur, est Rue & Place des Cordeliers.

A PARIS.

INTELLIGENCE

DES TABLES.

ı faut ſe rappeller, que les premieres ſont composées ę cinq Colonnes de Chiffres.

La premiere, indique les jours du Mois.

La Seconde, les Heures. } *du tems moyen*

La troiſiéme, les Minutes.

La quatriéme, les Secondes.

La cinquiéme, la différence qui ſe trouve entre un ır & un autre.

La ſeconde Table, qu'on nomme Table univerſelle, puiſ- ẹlle les renferme toutes, eſt compoſée de huit Colonnes

SÇAVOIR:

La premiere, pour les jours du Mois.

La ſeconde, pour les Minutes. } *de la grande Equation.*

La troiſiéme, pour les Secondes.

La quatriéme, pour les Heures. } *de la moyenne Equation*

La cinquiéme, pour les Minutes.

La ſixiéme, pour les Secondes.

La ſeptiéme, donne la différence des variations du leil d'un jour à l'autre, ſur le *tems moyen.*

La huitiéme Colonne commence au premier Janvi par le N°. 73, ensuite au 6, par le N°. 1. Elle est pour Artistes, comme on l'a vû à la page 58.

Notez qu'au commencement de Janvier, on trouve c mots; *Soleil retarde*, effectivement il retarde alors d'e viron 4 Minutes, & continue ce retard jusqu'au 11 Février, ce qui est indiqué par les mots de *plus*, q l'on trouve en travers des Colonnes, pour annoncer dernier Période de son retard; on trouve le 11 Févri le mot *excès*. Ce mot signifie que son retard n'augme tera plus; mais qu'il ira toujours en diminuant, ce q est marqué par le mot de *moins*, qui est répété jusqu' 14 Avril, où le mot *égal* constate, que les deux *te* sont égaux, ou si l'on veut, que le Soleil est d'acco avec la Pendule, en la supposant bien réglée; après c accord, le Soleil reprend les devans, ce qui est enco indiqué par le mot *avance*. Il continue ainsi, jusqu'à mi-Mai. On trouve jusqu'à ce terme le mot de *plu* Passé ce terme, cette avance diminue jusqu'à la m Juin, lequel jour on retrouve le mot *égal*, parce q pour la deuxiéme fois de l'année, les deux *tems* sont égau Le Soleil retarde ensuite, ce qui est indiqué, comme il e dit, par ces mots *Soleil retarde*, les mots de *plus* so répétés aussi jusqu'au 26 Juillet, où ce retard dimin jusqu'au dernier d'Août, où on trouve le mot *égal* po la 3e. fois, ensuite, le Soleil avance de plus en plus, c que le mot de *plus* indique à plusieurs endroits, jusqu'a 2 Novembre, où l'avance est parvenue à son *excès*: apr cela elle diminue chaque jour, ce qui est marqué com me on l'a vû ci-devant par les mots de *moins* qui co tinue jusqu'au 24 ou 25 Décembre, où le mot *égal* s retrouve pour la 4e. fois; ce qui veut dire que le Sole est d'accord avec la *Pendule* qui est le *tems moyen*. Dè le lendemain il retarde, cela est marqué comme a premier Janvier.

Il faut faire attention, que les Chiffres qui commen cent les Colonnes des *différences* d'un jour à l'autre, son & donnent le nombre des Secondes de la différence d précédent à celle du jour actuel. Par exemple; au mier Janvier de la premiere Table on trouve le No. en tête de cette Colonne: ces 29 Secondes sont la érence du dernier Décembre de la quatriéme Table annonce que le Soleil retarde de 3 Minutes, 30 ondes, à Midi, le premier Janvier qui le suit, à nême heure, il retarde de trois Minutes, 59 Sedes; la différence est donc de 29. Sans cette petite caution, on croiroit, par la disposition de ces Chiffres les Tables ne sont pas exactes, ce qui est cepent; c'est pour cela, que les Chiffres des Colonnes des érences, se trouvent vis-à-vis la distance d'un jour à tre, comme indiquans la différence entre les deux.

TABLES
DE RAPPORT,
DU TEMS MOYEN
AU
MIDI VRAI.

Où l'on trouve l'Heure, la Minute & la Seconde que doit marquer une Pendule parfaitement réglée, à l'inſtant que le Soleil arrive à ſon Méridien.

[J]an[vier] [Jo]urs [d]u [M]ois.	MOYENNE EQUATION H. M. S.	Differ. en 24 H. S.	Jan. J. du M.	MOYENNE EQUATION H. M. S.	Differ. en 24 H. S.
	Soleil retarde	29		*plus ,*	20
	0. 3. 59.	28	17	0. 10. 34.	19
	0. 4. 27.	27	18	0. 10. 53.	19
	0. 4. 54.	27	19	0. 11. 12.	18
	1. 5. 21.	26	20	0. 11. 30.	17
	0. 5. 47.	26	21	0. 11. 47.	17
	0. 6. 13.	26	22	0. 12. 4.	16
	0. 6. 39.	26	23	0. 12. 20.	15
	0. 7. 5.	26	24	0. 12. 35.	14
	0. 7. 31.	25	25	0. 12. 49.	13
	0. 7. 56.	25	26	0. 13. 2.	13
	0. 8. 21.	25	27	0. 13. 15.	11
	0. 8. 46.	23	28	0. 13. 26.	11
	0. 9. 9.	22	29	0. 13. 37.	10
	0. 9. 31.	22	30	0. 23. 47.	9
	0. 9. 53.	21	31	*plus ,* 0. 13. 56.	
	plus , 0. 10. 14.				

[D]u midi du premier de ce mois à celui du premier [s]uivant, le Soleil retarde de 10 Minutes 6 Secondes.

A ij

Février Jours du Mois.	MOYENNE EQUATION H.	M.	S.	Differ. en 24 H. S.	Fév. J. du M.	MOYENNE EQUATION H.	M.	S.
	Soleil retarde			9		*moins*		
1	0.	14.	5.	7	16	0.	14.	33.
2	0.	14.	12.	7	17	0.	14.	29.
3	0.	14.	19.	6	18	0.	14.	24.
4	0.	14.	25.	5	19	0.	14.	19.
5	0.	14.	30.	4	20	0.	14.	13.
6	0.	14.	34.	4	21	0.	14.	6.
7	0.	14.	38.	2	22	0.	13.	58.
8	0.	14.	40.	2	23	0.	13.	50.
9	0.	14.	42.	1	24	0.	13.	41.
10	0.	14.	43.	1	25	0.	13.	32.
		excès						
11	0.	14.	44.	1	26	0.	13.	22.
		moins						
12	0.	14.	43.	1	27	0.	13.	11.
13	0.	14.	42.	2	28	0.	13.	0.
							moins	
14	0.	14.	40.	3	29	0.	12.	48.
15	0.	14.	37.					

Du midi du premier de ce mois à celui du 11, retarde d'une Minute 58 Secondes & du 11 au de Mars, il avance sur lui-même de 2 Minutes 4 Se

Mars Jours du Mois.	MOYENNE EQUATION H.	M.	S.	Differ. en 24 H. S.	Mars J. du M.	MOYENNE EQUATION H.	M.	S.	Differ. en 24 H. S.
	Soleil retarde			12		*moins*			18
1	0.	12.	36.		17	0.	8.	26.	
				13					18
2	0.	12.	23.		18	0.	8.	8.	
		moins		13					18
3	0.	12.	10.		19	0.	7.	50.	
				14					18
4	0.	11.	56.		20	0.	7.	32.	
				14					18
5	0.	11.	42.		21	0.	7.	14.	
				14					19
6	0.	11.	28.		22	0.	6.	55.	
				15					19
7	0.	11.	13.		23	0.	6.	36.	
				15					19
8	0.	10.	58.		24	0.	6.	17.	
				16					19
9	0.	10.	42.		25	0.	5.	58.	
				16					19
10	0.	10.	26.		26	0.	5.	39.	
				16					19
11	0.	10.	10.		27	0.	5.	20.	
				17					19
12	0.	9.	53.		28	0.	5.	1.	
				17					19
13	0.	9.	36.		29	0.	4.	42.	
				17					19
14	0.	9.	19.		30	0.	4.	23.	
				17			*moins*		13
15	0.	9.	2.		31	0.	4.	5.	
		moins		18					
16	0.	8.	44.						

Du midi du premier de ce mois à celui du premier du ſuivant, le Soleil avance ſur lui-même de 8 Minutes 50 Secondes.

Avril Jours du Mois.	MOYENNE EQUATION H. M. S.	Differ. en 24 H. S.	Avr. J. du M.	MOYENNE EQUATION H. M. S.
	Soleil retarde	18		*plus*,
1	0. 3. 47.		16	11. 59. 36.
	moins	18		
2	0. 3. 29.		17	11. 59. 21.
		18		
3	0. 3. 11.		18	11. 59. 7.
		18		
4	0. 2. 53.		19	11. 58. 54.
		18		
5	0. 2. 35.		20	11. 58. 41.
		18		
6	0. 2. 17.		21	11. 58. 28.
		17		
7	0. 2. 0.		22	11. 58. 16.
		17		
8	0. 1. 43.		23	11. 58. 4.
		17		
9	0. 1. 26.		24	11. 57. 52.
		17		
10	0. 1. 9.		25	11. 57. 41.
		16		
11	0. 0. 53.		26	11. 57. 31.
		16		
12	0. 0. 37.		27	11. 57. 21.
		16		
13	0. 0. 21.		28	11. 57. 11.
	égal	15		
14	0. 0. 6.		29	11. 57. 3.
	Soleil avance	15		*plus*,
15	11. 57. 51.		30	11. 56. 55.

Du midi du premier de ce mois à celui du 1
Soleil avance de 3 Minutes ; mais de ce jour au pr
du ſuivant, il devance le *Tems moyen* de 3 Minut
Secondes.

Mai Jours du Mois	MOYENNE EQUATION H.	M.	S.	Differ. en 24 H. S.	Mai J. du M.	MOYENNE EQUATION H.	M.	S.	Differ. en 24 H. S.
	Soleil avance			8		*Soleil avance*			1
1	11.	56.	47.		17	11.	55.	58.	
				7			*moins*		2
2	11.	56.	40.		18	11.	56.	0.	
		plus,		7					2
3	11.	56.	33.		19	11.	56.	2.	
				6					3
4	11.	56.	27.		20	21.	56.	5.	
				6					4
5	11.	56.	21.		21	11.	56.	9.	
				5					4
6	11.	56.	16.		22	11.	56.	13.	
				4					4
7	11.	56.	12.		23	11.	56.	17.	
				4					5
8	11.	56.	8.		24	11.	56.	22.	
				4					6
9	11.	56.	4.		25	11.	56.	28.	
				3					6
10	11.	56.	1.		26	21.	56.	34.	
				2					7
11	11.	55.	59.		27	11.	56.	41.	
				1					7
12	11.	55.	58.		28	11.	56.	48.	
				1					7
13	11.	55.	57.		29	11.	56.	55.	
				1					8
14	11.	55.	56.		30	11.	57.	3.	
		plus,		0			*moins*		8
15	11.	55.	56.		31	11.	57.	11.	
		moins		1					
16	11.	55.	57.						

Du midi du premier de ce mois à celui du 15 le Soleil avance de 51 Secondes ; mais de ce jour au premier du suivant, il retarde d'une Minute 28 Secondes sur lui-même.

Juin Jours du Mois.	MOYENNE ÉQUATION H.	M.	S.	Differ. en 24 H. S.	Juin J. du M.	MOYENNE EQUATION H.	M.	S.
	Soleil avance			9			*égal,*	
1	11.	57.	20.		16	0.	0.	8.
		moins		9		*Soleil retarde*		
2	11.	57.	29.		17	0.	0.	21.
				10			*plus,*	
3	11.	57.	39.		18	0.	0.	34.
				10				
4	11.	57.	49.		19	0.	0.	47.
				10				
5	11.	57.	59.		20	0.	1.	0.
				10				
6	11.	58.	9.		21	0.	1.	13.
				11				
7	11.	58.	20.		22	0.	1.	26.
				11				
8	11.	58.	31.		23	0.	1.	39.
				11				
9	11.	58.	42.		24	0.	1.	52.
				12				
10	11.	58.	54.		25	0.	2.	5.
				12				
11	11.	59.	6.		26	0.	2.	17.
				12				
12	11.	59.	18.		27	0.	2.	29.
				12				
13	11.	59.	30.		28	0.	2.	41.
				12				
14	11.	59.	42.		29	0.	2.	53.
			moins	13			*plus,*	
15	11.	59.	55.		30	0.	3.	5.

Du midi du premier de ce mois à celui du Soleil revient encore sur lui-même de 2 Minutes condes, est égal au *Tems moyen*, delà il retard Minutes 8 Secondes au premier du suivant.

illet ours du lois.	MOYENNE EQUATION H.	M.	S.	Differ. en 24 H. S.	Juil. J. du M.	MOYENNE EQUATION H.	M.	S.	Differ. en 24 H. S.
	Soleil retarde			11		*Soleil retarde*			5
1	0.	3.	16.		17	0.	5.	33.	
		plus,		11			*plus,*		5
2	0.	3.	27.		18	0.	5.	38.	
				11					4
3	0.	3.	38.		19	0.	5.	42.	
				11					4
4	0.	3.	49.		20	0.	5.	46.	
				11					3
5	0.	4.	0.		21	0.	5.	49.	
				10					2
6	0.	4.	10.		22	0.	5.	51.	
				9					2
7	0.	4.	19.		23	0.	5.	53.	
				9					2
8	1.	4.	28.		24	0.	5.	55.	
				9					1
9	0.	4.	37.		25	0.	5.	56.	
				9				*moins*	1
10	0.	4.	46.		26	0.	5.	55.	
				9					1
11	0.	4.	55.		27	0.	5.	54.	
				8					1
12	0.	5.	3.		28	0.	5.	53.	
				7					2
13	0.	5.	10.		29	0.	5.	51.	
				6					3
14	0.	5.	16.		30	0.	5.	48.	
				6					4
15	0.	5.	22.		31	0.	5.	44.	
			plus,	6			*moins*		
16	0.	5.	28.						

u midi du premier de ce mois à celui du 25, le Soleil tarde de 2 Minutes 42 Secondes, & au premier & deux oût il revient de 10 Secondes sur le *Tems moyen.*

B

Août Jours du Mois.	MOYENNE EQUATION H.	M.	S.	Differ. en 24 H. S.	A. J. du M.	MOYENNE EQUATION H.	M.	S.	Di… 24
	Soleil retarde			0		*Soleil retarde*			
1	0.	5.	44. *moins*		17	0.	3.	32.	1
2	0.	5.	40.	4	18	0.	3.	19.	1
3	0.	5.	36.	4	19	0.	3.	6.	1
4	0.	5.	31.	5	20	0.	2.	52.	1
5	0.	5.	25.	9	21	0.	2.	38.	1
6	0.	5.	19.	7	22	0.	2.	23.	1
7	0.	5.	12.	7	23	0.	2.	8.	1
8	0.	5.	5.	7	24	0.	1.	52.	1
9	0.	4.	57.	8	25	0.	1.	36.	1
10	0.	4.	48.	9	26	0.	1.	19.	1
11	0.	4.	39.	9	27	0.	1.	2.	1
12	0.	4.	29.	10	28	0.	0.	45.	1
13	1.	4.	19.	10	29	0.	0.	28.	1
14	1.	4.	8.	11	30	0.	*égal* 0.	10.	1
15	0.	3. *moins*	56.	12	31	11.	59.	52. *Soleil avance*	1
16	0.	3.	44.	12					

Du midi du premier de ce mois au 31 le Soleil ava… sur lui-même de 5 Minutes 52 Secondes & est égal … *Tems moyen* à 8 Secondes près, de ce jour au prem… du suivant, il avance de 37 Secondes sur le même ter…

Sept. Jours du Mois.	MOYENNE EQUATION H. M. S.	Differ. en 24 H. *S.*	Sep. J. du M.	MOYENNE EQUATION H. M. S.	Differ. en 24 H. *S.*
	Soleil avance	19		*Soleil avance*	21
1	11. 59. 33.		16	11. 54. 31.	
	plus,	19		*plus,*	21
2	11. 59. 14.		17	11. 54. 10.	
		19			21
3	11. 58. 55.		18	11. 53. 49.	
		19			21
4	11. 58. 36.		19	11. 53. 28.	
		19			21
5	11. 58. 17.		20	11. 53. 7.	
		20			20
6	11. 57. 57.		21	11. 52. 47.	
		20			20
7	11. 57. 37.		22	11. 52. 27.	
		20			20
8	11. 57. 17.		23	11. 52. 7.	
		20			20
9	11. 56. 57.		24	11. 51. 47.	
		20			20
10	11. 56. 37.		25	11. 51. 27.	
		21			20
11	11. 56. 16.		26	11. 51. 7.	
		21			20
12	11. 55. 55.		27	11. 50. 47.	
		21			20
13	11. 55. 34.		28	11. 50. 27.	
		21			19
14	11. 55. 13.		29	11. 50. 8.	
	plus,	21		*plus,*	19
15	11. 54. 52.		30	11. 49. 49.	

Du midi du premier de ce mois à celui du premier du suivant, le Soleil avance de 10 Minutes 57 Secondes.

Octobre Jours du Mois.	MOYENNE EQUATION H. M. S.	Differ. en 24 H. *S.*	Oct. J. du M.	MOYENNE EQUATION H. M. S.	Di e 24
	Soleil avance	19		*Sóleil avance*	[illegible]
1	11. 49. 30.		17	11. 45. 24.	
	plus,	19		*plus,*	[illegible]
2	11. 49. 11.		18	11. 45. 13.	
		18			[illegible]
3	11. 48. 53.		19	11. 45. 3.	
		18			[illegible]
4	11. 48. 35.		20	11. 44. 53.	
		18			9
5	11. 48. 17.		21	11. 44. 44.	
		17			9
6	11. 48. 0.		22	11. 44. 35.	
		17			8
7	11. 47. 43.		23	11. 44. 27.	
		16			7
8	11. 47. 27.		24	11. 44. 20.	
		15			6
9	11. 47. 12.		25	11. 44. 14.	
		15			5
10	11. 46. 57.		26	11. 44. 9.	
		15			5
11	11. 46. 42.		27	11. 44. 4.	
		15			5
12	11. 46. 27.		28	11. 43. 59.	
		14			4
13	11. 46. 13.		29	11. 43. 55.	
		13			2
14	11. 46. 0.		30	11. 43. 53.	
		13		*plus,*	1
15	11. 45. 47.		31	11. 43. 52.	
	plus,	12			
16	11. 45. 35.				

Du midi du premier de ce mois à celui du prem
suivant le Soleil avance de 6 Minutes 39 Secondes.

ove. ours du ois.	MOYENNE EQUATION H.	M.	S.	Differ. en 24 H. *S.*	Nov. J. du M.	MOYENNE EQUATION H.	M.	S.	Differ. en 24 H. *S.*
	Soleil avance			1		*Soleil avance*			12
1	11.	43.	51.		16	11.	45.	16.	
	excès			0		*moins*			12
2	11.	43.	51.		17	11.	45.	28.	
				1					13
3	11.	43.	52.		18	11.	45.	41.	
				1					14
4	11.	43.	53.		19	11.	45.	55.	
				2					15
5	11.	43.	55.		20	11.	46.	10.	
				3					16
6	11.	43.	58.		21	11.	46.	26.	
				4					17
7	11.	44.	2.		22	11.	46.	43.	
				5					18
8	11.	44.	7.		23	11.	47.	1.	
				6					18
9	11.	44.	13.		24	11.	47.	19.	
				7					18
10	11.	44.	20.		25	11.	47.	37.	
				7					19
11	11.	44.	27.		26	11.	47.	56.	
				8					20
12	11.	44.	44.		27	11.	47.	36.	
				9					20
13	11.	44.	36.		28	11.	47.	16.	
				10					20
14	11.	44.	54.		29	11.	48.	56.	
	moins			10		*moins*			22
15	11.	45.	4.		30	11.	49.	18.	

Du midi du premier de ce mois à celui du premier du
ivant, le Soleil retarde de 6 Minutes 10 Secondes.

Déc. Jours du Mois.	MOYENNE EQUATION H. M. S.	Differ. en 24 H. S.	Déc. J. du M.	MOYENNE EQUATION H. M. S.	Di[...] 24
	Soleil avance	23		*moins*	
1	11. 49. 41.		17	11. 56. 56.	
	moins	24			
2	11. 50. 5.		18	11. 57. 26.	
		24			
3	11. 50. 29.		19	11. 57. 56.	
		26			
4	11. 50. 55.		20	11. 58. 26.	
		26			
5	11. 51. 21.		21	11. 58. 56.	
		26			
6	11. 51. 47.		22	11. 59. 26.	
		26		*égal*	
7	11. 52. 13.		23	11. 59. 56.	
		27		*Soleil avance*	
8	11. 52. 40.		24	0. 0. 26.	
		27			
9	11. 53. 7.		25	0. 1. 56.	
		28			
10	11. 53. 35.		26	0. 1. 26.	
		28			
11	11. 54. 3.		27	0. 1. 56.	
		28			
12	11. 54. 31.		28	0. 2. 25.	
		29			
13	11. 55. 31.		29	0. 2. 54.	
		29			
14	11. 55. 29.		30	0. 3. 23.	
		29		*plus,*	
15	11. 55. 58.		31	0. 3. 52.	
	moins	29			
16	11. 56. 27.				

Du midi du premier de ce mois à celui du 23 [...] Soleil avance de 10 Minutes 15 Secondes & est éga[...] *Tems moyen*; de ce jour au premier du suivant, il reta[...] de 4 Minutes 16 Secondes.

nvier ours du ois.	MOYENNE EQUATION H.	M.	S.	Differ. en 24 H. S.	Jan. J. du M.	MOYENNE EQUATION H.	M.	S.	Differ. en 24 H. S.
	Soleil retarde			28		*Soleil retarde*			20
1	0.	4.	20.	28	17	0.	10.	49.	19
2	0.	4.	48.	28	18	0.	11.	8.	18
3	0.	5.	16.	20	19	0.	11.	26.	17
4	0.	5.	43.	27	20	0.	11.	43.	17
5	0.	6.	10.	27	21	0.	12.	0.	16
6	0.	7.	36.	26	22	0.	12.	16.	15
7	0.	7.	2.	26	23	0.	12.	31.	14
8	0.	7.	28.	26	24	0.	12.	45.	14
9	0.	8.	53.	24	25	0.	12.	59.	13
0	0.	8.	17.	23	26	0.	13.	12.	12
1	0.	8.	40.	23	27	0.	13.	24.	11
2	0.	9.	3.	23	28	0.	13.	35.	10
3	0.	9.	26.	22	29	0.	13.	45.	9
4	0.	9.	48.	21	30	0.	13.	54.	9
5	0.	10.	9.		31	0.	14.	3.	
		plus,		20			*plus,*		
6	0.	10.	29.						

)u midi du premier de ce mois à celui du suivant le
il retarde de 9 Minutes 50 Secondes sur le *Tems moyen.*

Février Jours du Mois.	MOYENNE EQUATION H.	M.	S.	Differ. en 24 H. *S.*	Fév. J. du M.	MOYENNE EQUATION H.	M.	S.
	Soleil retarde			7		*Soleil retarde*		
1	0.	14.	10.		15	0.	14.	35.
		plus,		7			*moins*	
2	0.	14.	17.		16	0.	14.	31.
				7				
3	0.	14.	24.		17	0.	14.	26.
				5				
4	0.	14.	29.		18	0.	14.	21.
				5				
5	0.	14.	34.		19	0.	14.	15.
				3				
6	0.	14.	37.		20	0.	14.	8.
				3				
7	0.	14.	40.		21	0.	14.	0.
				2				
8	0.	14.	42.		22	0.	13.	52.
				1				
9	0.	14.	43.		23	0.	13.	44.
		excès		1				
10	0.	14.	44.		24	0.	13.	35.
				0				
11	0.	14.	44.		25	0.	13.	25.
		moins		1				
12	0.	14.	43.		26	0.	13.	14.
				2				
13	0.	14.	41.		27	0.	13.	3.
				3				
14	0.	14.	38.		28	0.	12.	52.
							moins	

Du midi du premier de ce mois à celui du 1[illegible] Soleil a retardé de 34 Secondes; du 11 au premie[illegible] Mars, il est rapproché du *Tems moyen* de 2 Mi[illegible] 4 Secondes.

Mars Jours du Mois.	MOYENNE EQUATION H.	M.	S.	Differ. en 24 H. S.	Mars J. du M.	MOYENNE EQUATION H.	M.	S.	Differ. en 24 H. S.
	Soleil retarde			12		*Soleil retarde*			18
1	0.	12.	40.		17	0.	8.	31.	
		moins		13			*moins*		18
2	0.	12.	27.	13	18	0.	8.	13.	18
3	0.	12.	14.	14	19	0.	7.	55.	18
4	0.	12.	0.	14	20	0.	7.	37.	18
5	0.	11.	46.	14	21	0.	7.	19.	19
6	0.	11.	32.	15	22	0.	7.	0.	19
7	0.	11.	17.	15	23	0.	6.	41.	19
8	0.	11.	2.	16	24	0.	6.	22.	19
9	0.	10.	46.	16	25	0.	6.	3.	19
10	0.	10.	30.	16	26	0.	5.	44.	19
11	0.	10.	14.	16	27	0.	5.	25.	19
12	0.	9.	58.	17	28	0.	5.	6.	19
13	0.	9.	41.	17	29	0.	4.	47.	19
14	0.	9.	24.	17	30	0.	4.	28.	19
15	0.	9.	7.	18	31	0.	4.	9.	
			moins				*moins*		
16	0.	8.	49.						

Du midi du premier de ce mois à celui du premier suivant, le Soleil avance de 8 Minutes 50 Secondes.

Avril Jours du Mois.	MOYENNE EQUATION H.	M.	S.	Differ. en 24 H. *S.*	Avr. J. du M.	MOYENNE EQUATION H.	M.	S.	Diff[illegible] e[illegible] 24 *S*
	Soleil retarde			19		*Soleil avance*			1[illegible]
1	0.	3.	50.		16	11.	59.	40.	
		moins		18			*plus,*		1[illegible]
2	0.	3.	32.		17	11.	59.	25.	
				18					1[illegible]
3	0.	3.	14.		18	11.	59.	11.	
				18					1[illegible]
4	0.	2.	56.		19	11.	58.	57.	
				18					1[illegible]
5	0.	2.	38.		20	11.	58.	44.	
				17					1[illegible]
6	0.	2.	21.		21	11.	58.	31.	
				17					1[illegible]
7	0.	2.	4.		22	11.	58.	19.	
				17					1[illegible]
8	0.	1.	47.		23	11.	84.	7.	
				17					1[illegible]
9	0.	1.	30.		24	11.	57.	55.	
				17					1[illegible]
10	0.	1.	13.		25	11.	57.	44.	
				16					1[illegible]
11	0.	0.	57.		26	11.	57.	34.	
				16					1[illegible]
12	0.	0.	41.		27	11.	57.	24.	
				16					1[illegible]
13	1.	0.	25.		28	11.	57.	14.	
				15					[illegible]
14	1.	0.	10.		29	11.	57.	5.	
		égal,		15					[illegible]
15	11.	59.	55.		30	11.	56.	57.	
							plus,		

Du midi du premier de ce mois au 15 le Soleil avan[illegible] de 3 Minutes 55 Secondes & est égal au *Tems m[illegible]* à 5 Secondes près, & de ce même jour au premier [illegible] Mai, il avance de 3 Minutes 11 Secondes.

Mai Jours du Mois.	MOYENNE EQUATION H.	M.	S.	Differ. en 24 H. S.	Mai J. du M.	MOYENNE EQUATION H.	M.	S.	Differ. en 24 H. S.
	Soleil avance						*moins*		
1	11.	56.	49.	5	17	11.	55.	58.	1
		plus,							
2	11.	56.	41.	8	18	11.	55.	1.	1
3	11.	56.	34.	7	19	11.	56.	4.	2
4	11.	56.	28.	6	20	11.	56.	7.	3
5	11.	56.	22.	6	21	11.	56.	11.	4
6	11.	56.	17.	5	22	11.	56.	16.	5
7	11.	56.	13.	4	23	11.	56.	21.	5
8	11.	56.	9.	4	24	11.	56.	26.	5
9	11.	56.	5.	4	25	11.	56.	32.	6
10	11.	56.	2.	3	26	11.	56.	38.	6
11	11.	56.	0.	2	27	11.	56.	7.	6
12	11.	55.	58.	2	28	11.	56.	45.	7
13	11.	55.	57.	1	29	11.	56.	53.	8
14	11.	55.	56.	1	30	11.	57.	1.	8
		excès							
15	11.	55.	56.	0	31	11.	57.	9.	8
	Soleil avance						*moins*		
16	11.	55.	57.	1					

Du midi du premier de ce mois au 15, le Soleil avance d'une Minute 7 Secondes, & de ce jour au premier Juin, il retarde de 2 Minutes 39 Secondes.

Juin Jours du Mois.	MOYENNE EQUATION H. M. S.	Differ. en 24 H. S.	Juin J. du M.	MOYENNE EQUATION H. M. S.	Diff. en 24 H. S.
	Soleil avance	8		*égal*	1
1	11. 57. 17.		16	0. 0. 5.	
	moins	9		*Soleil retarde*	1
2	11. 57. 26.		17	0. 0. 18.	
		10			1
3	11. 57. 36.		18	0. 0. 31.	
		10			1
4	11. 57. 46.		19	0. 0. 44.	
		10			1
5	11. 57. 56.		20	0. 0. 57.	
		10			1
6	11. 58. 6.		21	0. 1. 10.	
		11			1
7	11. 58. 17.		22	0. 1. 23.	
		11			1
8	11. 58. 28.		23	0. 1. 36.	
		11			1
9	11. 58. 39.		24	0. 1. 49.	
		12			1
10	11. 58. 51.		25	0. 2. 1.	
		12			1
11	11. 59. 3.		26	0. 2. 13.	
		12			1
12	11. 59. 15.		27	0. 2. 25.	
		12			1
13	11. 59. 27.		28	0. 2. 37.	
		12			1
14	11. 59. 39.		29	0. 2. 49.	
		13		*plus,*	1
15	11. 59. 52.		30	0. 3. 1.	
	moins				

Du midi du premier de ce mois au 16 le Soleil avan[ce] de 2 M. 48 S. & est égal au *Tems moyen* à 5 S. près ; de [ce] jour au premier Juillet, il retarde de 3 Min. 8 Second[es]

uillet ours du Iois.	MOYENNE EQUATION H.	M.	S.	Differ. en 24 H. S.	Juil. J. du M.	MOYENNE EQUATION H.	M.	S.	Differ. en 24 H. S.
	Soleil retarde			12		*Soleil retarde*			5
1	0.	3.	13.		17	0.	5.	31.	
		plus,		11					5
2	0.	3.	24.		18	0.	5.	36.	
				11					5
3	0.	3.	35.		19	0.	5.	41.	
				11					4
4	0.	3.	46.		20	0.	5.	45.	
				10					3
5	0.	3.	56.		21	0.	5.	48.	
				10					2
6	0.	4.	6.		22	0.	5.	50.	
				10			*plus,*		2
7	0.	4.	16.		23	0.	5.	52.	
				10					2
8	0.	4.	26.		24	0.	5.	54.	
				9					1
9	0.	4.	35.		25	0.	5.	55.	
				9					0
10	0.	4.	44.		26	0.	5.	55.	
				8			*excès*		0
11	0.	4.	52.		27	0.	5.	55.	
				8			*moins*		1
12	0.	5.	0.		28	0.	5.	54.	
				7					1
13	0.	5.	7.		29	0.	5.	53.	
				7					2
14	0.	5.	14.		30	0.	5.	51.	
				6					3
15	0.	5.	20.		31	0.	5.	48.	
		plus,		6			*moins*		
16	0.	5.	26.						

Du midi du premier de ce mois au 27, le Soleil re-arde de 2 Minutes 42 Secondes, & de ce jour au pre-nier Août, il ravance de 10 Secondes.

Août Jours du Mois.	MOYENNE EQUATION H.	M.	S.	Differ. en 24 H. S.	A. J. du M.	MOYENNE EQUATION H.	M.	S.
	Soleil retarde					*Soleil retarde*		
1	0.	5.	45.	3	17	0.	3.	35.
	moins					*moins*		
2	0.	5.	41.	4	18	0.	3.	22.
3	0.	5.	37.	4	19	0.	3.	9.
4	0.	5.	32.	5	20	0.	2.	55.
5	0.	5.	26.	6	21	0.	2.	41.
6	0.	5.	20.	6	22	0.	2.	27.
7	0.	5.	13.	7	23	0.	2.	12.
8	0.	5.	6.	7	24	0.	1.	56.
9	0.	4.	58.	8	25	0.	1.	40.
10	0.	4.	50.	8	26	0.	1.	24.
11	0.	4.	41.	9	27	0.	1.	7.
12	0.	4.	31.	10	28	0.	0.	50.
13	0.	4.	21.	10	29	0.	0.	33.
14	0.	4.	10.	11	30	0.	0.	15.
						égal		
15	0.	3.	59.	11	31	11.	59.	57.
	moins					*Soleil avance*		
16	0.	3.	47.	12				

Du midi du premier de ce mois au 31, le Soleil a
de 5 M. 48 S. & eſt égal au *Tems moyen*, à 3 S. pr
ce jour au premier Septembre, il avance de 19 Sec

MOYENNE EQUATION H. M. S.	Differ. en 24 H. S.	Sep. J. du M.	MOYENNE EQUATION H. M. S.	Differ. en 24 H. S.
Soleil avance	19		*Soleil avance*	21
11. 59. 38.	19	16	11. 54. 36.	21
11. 59. 19.	19	17	11. 54. 15.	21
11. 59. 0.	19	18	11. 53. 54.	21
11. 58. 41.	19	19	11. 53. 33.	21
11. 58. 22.	20	20	11. 53. 12.	21
11. 58. 2.	20	21	11. 52. 51.	21
11. 57. 42.	20	22	11. 52. 30.	21
11. 57. 22.	20	23	11. 52. 9.	21
11. 57. 2.	20	24	11. 51. 48.	20
11. 56. 42.	21	25	11. 51. 28.	20
11. 56. 21.	21	26	11. 51. 8.	20
11. 56. 0.	21	27	11. 50. 48.	20
11. 55. 29.	21	28	11. 50. 28.	19
11. 55. 88.	21	29	11. 50. 9.	19
11. 54. 57.		30	11. 49. 50.	
plus,	21		*plus,*	

…a midi du premier de ce mois à celui du premier
…bre, le Soleil avance de 10 Minutes 7 Secondes.

Octobre Jours du Mois.	MOYENNE EQUATION H.	M.	S.	Differ. en 24 H. S.	Oct. J. du M.	MOYENNE EQUATION H.	M.	S.
	Soleil avance					*Soleil avance*		
1	11.	49.	31.	19	17	11.	45.	27.
		plus,		19			*plus,*	
2	11.	49.	12.	18	18	11.	45.	16.
3	11.	48.	54.	18	19	11.	45.	5.
4	11.	48.	36.	17	20	11.	44.	45.
5	11.	48.	19.	17	21	11.	44.	46.
6	11.	48.	2.	17	22	11.	44.	37.
7	11.	48.	45.	16	23	11.	44.	29.
8	11.	47.	29.	15	24	11.	44.	22.
9	11.	47.	14.	14	25	11.	44.	16.
10	11.	47.	0.	14	26	11.	44.	10.
11	11.	47.	46.	14	27	11.	44.	5.
12	11.	46.	32.	24	28	11.	44.	1.
13	11.	46.	18.	14	29	11.	43.	57.
14	11.	46.	4.	13	30	11.	43.	54.
		plus,					*plus,*	
15	11.	46.	51.	12	31	11.	43.	52.
16	11.	45.	39.					

Du midi du premier de ce mois à celui du sui le Soleil avance de 6 Minutes 9 Secondes.

Nove

Nove. Jours du Mois.	MOYENNE EQUATION H.	M.	S.	Differ. en 24 H. *S.*	Nov. J. du M.	MOYENNE EQUATION H.	M.	S.	Differ. en 24 H. *S.*
	Soleil avance			1				*moins*	12
1	11.	43.	51.		16	11.	45.	13.	
			excès	0					12
2	11.	43.	51.		17	11.	45.	25.	
			moins	1					13
3	11.	43.	52.		18	11.	45.	38.	
				1					14
4	11.	43.	53.		19	11.	45.	52.	
				2					15
5	11.	43.	55.		20	11.	46.	7.	
				3					15
6	11.	43.	58.		21	11.	46.	22.	
				4					16
7	11.	44.	2.		22	11.	46.	38.	
				4					17
8	11.	44.	6.		23	11.	46.	55.	
				5					18
9	11.	44.	11.		24	11.	47.	13.	
				6					18
10	11.	44.	17.		25	11.	47.	31.	
				8					20
11	11.	44.	25.		26	11.	47.	51.	
				8					20
12	11.	44.	33.		27	11.	48.	11.	
				9					20
13	11.	44.	42.		28	11.	48.	31.	
				9					22
14	11.	44.	51.		29	11.	48.	53.	
				10					22
15	11.	45.	1.		30	11.	49.	15.	
			moins				*moins*		

Du midi du premier de ce mois à celui du suivant, le Soleil retarde de 6 Minutes 13 Secondes.

D

Déc. Jours du Mois.	MOYENNE EQUATION H.	M.	S.	Differ. en 24 H. S.	Déc. J. du M.	MOYENNE EQUATION H.	M.	S.	Di[…] en 24 […]
	Soleil avance			23				*moins*	3
1	11.	49.	38.		17	11.	56.	49.	
		moins		23					3
2	11.	50.	1.		18	11.	57.	19.	
				24					3
3	11.	50.	25.		19	11.	57.	49.	
				25					3
4	11.	50.	50.		20	11.	58.	19.	
				25					3
5	11.	51.	15.		21	11.	58.	49.	
				25					3
6	11.	51.	40.		22	11.	59.	19.	
				26				*égal*	3
7	11.	52.	6.		23	11.	59.	19.	
				27		*Soleil retarde*			3
8	11.	52.	33.		24	0.	0.	19.	
				27					3
9	11.	53.	0.		25	0.	0.	49.	
				27					3
10	11.	53.	27.		26	0.	1.	19.	
				28					3
11	11.	53.	55.		27	0.	1.	49.	
				28					2
12	11.	54.	23.		28	0.	2.	18.	
				29					2
13	11.	54.	52.		29	0.	2.	47.	
				29					2
14	11.	55.	21.		30	0.	3.	16.	
				29					2
15	11.	55.	50.		31	0.	3.	45.	
		moins		29			*plus,*		
16	11.	56.	19.						

Du midi du premier de ce mois au 23 le Soleil reta[…] de 10 Minutes 32 Secondes, & est égal au *Tems moy[…]* à 11 Secondes près ; de ce jour au premier Janvier, […] retarde encore de 4 Minutes 25 Secondes.

[Jan]vier [J]ours du [M]ois.	MOYENNE EQUATION H.	M.	S.	Differ. en 24 H. S.	Jan. J. du M.	MOYENNE EQUATION H.	M.	S.	Differ. en 24 H. S.
	Soleil retarde			29			*plus,*		20
1	0.	4.	14.		17	0.	10.	46.	
		plus,		28					20
2	0.	4.	42.		18	0.	11.	6.	
				28					19
3	0.	5.	10.		19	0.	11.	25.	
				27					18
4	0.	5.	37.		20	0.	11.	43.	
				27					16
5	0.	6.	4.		21	0.	11.	59.	
				26					15
6	0.	6.	30.		22	0.	12.	15.	
				26					15
7	0.	6.	56.		23	0.	12.	30.	
				25					14
8	0.	7.	21.		24	0.	12.	45.	
				25					14
9	0.	7.	46.		25	0.	12.	59.	
				25					13
10	0.	8.	11.		26	0.	13.	13.	
				24					12
11	0.	8.	35.		27	0.	13.	26.	
				24					7
12	0.	8.	59.		28	0.	13.	38.	
				23					11
13	0.	9.	22.		29	0.	13.	49.	
				22					10
14	0.	9.	44.		30	0.	13.	59.	
				21					9
15	0.	10.	5.		31	0.	14.	8.	
	plus,			21			*plus,*		
16	0.	10.	26.						

[Du] premier de ce mois au premier du suivant, le Soleil [re]tarde de 10 Minutes 2 Secondes.

Février Jours du Mois.	MOYENNE EQUATION H. M. S.	Differ. en 24 H. S.	Fév. J. du M.	MOYENNE EQUATION H. M. S.	Di[illegible] e[illegible] 24
	Soleil retarde	8		*moins*	
1	0. 14. 16.		15	0. 14. 37.	
	plus,	7			
2	0. 14. 23.		16	0. 14. 33.	
		6			
3	0. 14. 29.		17	0. 14. 29.	
		5			
4	0. 14. 34.		18	0. 14. 25.	
		4			
5	0. 14. 38.		19	0. 14. 19.	
		3			
6	0. 14. 41.		20	0. 14. 12.	
		2			
7	0. 14. 43.		21	0. 14. 4.	
		1			
8	0. 14. 44.		22	0. 13. 56.	
		1			
9	0. 14. 45.		23	0. 13. 48.	
		1			
10	0. 14. 46.		24	0. 13. 39.	
	excès	0			
11	0. 14. 46.		25	0. 13. 30.	
	moins	1			
12	0. 14. 45.		26	0. 13. 20.	
		2			
13	0. 14. 43.		27	0. 13. 10.	
		3			
14	0. 14. 40.		28	0. 12. 59.	
				moins	

Du midi du premier de ce mois au 11 le Soleil reta[rde] de 30 S. & de ce jour premier Mars, il avance d[e] Min. 1 Seconde.

Mars Jours du Mois.	MOYENNE EQUATION H.	M.	S.	Differ. en 24 H. S.	Mars J. du M.	MOYENNE EQUATION H.	M.	S.	Differ. en 24 H. S.
	Soleil retarde			12		*Soleil retarde*			18
1	0.	12.	47.		17	0.	8.	32.	
	moins			13		*moins*			18
2	0.	12.	34.		18	0.	8.	14.	
				14					18
3	0.	12.	20.		19	0.	7.	56.	
				14					18
4	0.	12.	6.		20	0.	7.	38.	
				14					19
5	0.	11.	52.		21	0.	7.	19.	
				14					19
6	0.	11.	38.		22	0.	7.	0.	
				15					19
7	0.	11.	23.		23	0.	6.	41.	
				15					19
8	0.	11.	8.		24	0.	6.	22.	
				16					19
9	0.	10.	52.		25	0.	6.	3.	
				16					19
10	0.	10.	36.		26	0.	5.	44.	
				17					19
11	0.	10.	19.		27	0.	5.	25.	
				17					19
12	0.	10.	2.		28	0.	5.	6.	
				18					19
13	0.	9.	44.		29	0.	4.	47.	
				18					19
14	0.	9.	26.		30	0.	4.	28.	
				18					19
15	0.	9.	8.		31	0.	4.	9.	
	moins			18		*moins*			
16	0.	8.	50.						

Du midi du premier de ce mois au premier d'Avril, le Soleil retarde de 9 Minutes 4 Secondes.

Avril Jours du Mois.	MOYENNE EQUATION H.	M.	S.	Differ. en 24 H. S.	Avr. J. du M.	MOYENNE EQUATION H.	M.	S.
	Soleil retard					*Soleil retarde*		
1	0.	3.	51.	18	16	11.	59.	43.
	moins					*plus,*		
2	0.	3.	33.	18	17	11.	59.	28.
3	0.	3.	15.	18	18	11.	59.	14.
4	0.	2.	58.	17	19	11.	58.	0.
5	0.	2.	41.	17	20	11.	58.	47.
6	0.	2.	24.	17	21	11.	58.	34.
7	0.	2.	7.	17	22	11.	58.	22.
8	0.	1.	50.	17	23	11.	57.	10.
9	0.	1.	34.	16	24	11.	57.	58.
10	0.	1.	18.	16	25	11.	57.	47.
11	0.	1.	2.	16	26	11.	57.	37.
12	0.	0.	46.	16	27	11.	57.	27.
13	0.	0.	30.	16	28	11.	57.	17.
14	0.	0.	14.	16	29	11.	57.	8.
	égal							
15	11.	59.	58.	16	30	11.	57.	0.
	Soleil avance					*plus,*		

Du midi du premier de ce mois au 15, le Soleil a avan de 3 M. 53 S. eſt égal au *Tems moyen* à 2 Secondes prè & de ce jour au premier du ſuivant, il avance enco de 3 Minutes 8 Secondes.

[M]ai [Jo]urs [d]u [M]ois.	MOYENNE EQUATION H. M. S.	Differ. en 24 H. *S.*	Mai J. du M.	MOYENNE EQUATION H. M. S.	Differ. en 24 H. *S.*
	Soleil avance	8		*Soleil avance*	1
1	11. 56. 52.		17	11. 56. 0.	
	plus,	8		*moins.*	1
2	11. 56. 44.		18	11. 56. 1.	
		7			2
3	11. 56. 37.		19	11. 56. 3.	
		6			3
4	11. 56. 31.		20	11. 56. 6.	
		6			3
5	11. 56. 25.		21	11. 56. 9.	
		5			4
6	11. 56. 20.		22	11. 56. 13.	
		5			4
7	11. 56. 15.		23	11. 56. 17.	
		4			5
8	11. 56. 11.		24	11. 56. 22.	
		4			5
9	11. 56. 7.		25	11. 56. 28.	
		3			6
[1]0	11. 56. 4.		26	11. 56. 34.	
		2			6
11	11. 56. 2.		27	11. 56. 40.	
		2			7
[1]2	11. 56. 0.		28	11. 56. 47.	
		1			7
[1]3	11. 55. 59.		29	11. 56. 54.	
		1			8
14	11. 55. 58.		30	11. 57. 2.	
		0			8
15	11. 55. 58.		31	11. 57. 10.	
	moins	1		*moins*	
16	11. 55. 59.				

Du midi du premier de ce mois au 15, le Soleil avan[ce] de 53 Secondes, & de ce jour au premier Juin, il est [ra]pproché du *Tems moyen* de 2 Minutes 45 Secondes.

Juin Jours du Mois.	MOYENNE EQUATION H.	M.	S.	Differ. en 24 H. S.	Juin J. du M.	MOYENNE EQUATION H.	M.	S.
	Soleil avance			9		*égal*		
1	11.	57.	19.		16	0.	0.	6.
		moins		9		*Soleil retarde*		
2	11.	57.	28.		17	0.	0.	19.
				9				
3	11.	57.	37.		18	0.	0.	32.
				10				
4	11.	57.	47.		19	0.	0.	45.
				10				
5	11.	57.	57.		20	0.	0.	58.
				10				
6	11.	58.	7.		21	0.	1.	11.
				11				
7	11.	58.	18.		22	0.	1.	24.
				11				
8	11.	58.	29.		23	0.	1.	37.
				11				
9	11.	58.	40.		24	0.	1.	50.
				12				
10	11.	58.	52.		25	0.	2.	3.
				12				
11	11.	59.	4.		26	0.	2.	15.
				12				
12	11.	59.	19.		27	0.	2.	27.
				22				
13	11.	59.	28.		28	0.	2.	39.
				12				
14	11.	59.	40.		29	0.	2.	51.
		moins		13		*plus,*		
15	11.	59.	53.		30	0.	3.	2.

Du midi du premier de ce mois au 16, le Sol[eil] rétardé de 2 M. 47 S. & de ce jour au premier Juillet, tarde encore de 3 Minutes 7 Secondes.

J

[Ju]illet [J]ours du [M]ois.	MOYENNE EQUATION H.	M.	S.	Differ. en 24 H. *S.*	Juil. J. du M.	MOYENNE EQUATION H.	M.	S.	Differ. en 24 H. *S.*
	Soleil retarde			11				*plus,*	6
1	0.	3.	13.		17	0.	5.	34.	
			plus,	11					5
2	0.	3.	24.		18	0.	5.	39.	
				11					4
3	0.	3.	35.		19	0.	5.	43.	
				11					4
4	0.	3.	46.		20	0.	5.	47.	
				11					3
5	0.	3.	57.		21	0.	5.	50.	
				10					3
6	0.	4.	7.		22	0.	5.	53.	
				10					2
7	0.	4.	17.		23	0.	5.	55.	
				10					2
8	0.	4.	27.		24	0.	5.	57.	
				10					1
9	0.	4.	37.		25	0.	5.	58.	
				13					0
10	0.	4.	45.		26	0.	5.	58.	
				8				*excès*	0
11	0.	4.	53.		27	0.	5.	58.	
				8			*moins*		1
12	0.	5.	1.		28	0.	5.	57.	
				8					1
13	0.	5.	9.		29	0.	5.	56.	
				7					2
14	0.	5.	16.		30	0.	5.	54.	
				6					3
15	0.	5.	22.		31	0.	5.	51.	
			plus,	6			*moins*		
16	0.	5.	28.						

Du midi du premier de ce mois au 27, le Soleil retarde [d]e 2 Minutes 45 Secondes; de ce jour au premier Août, [il] avance de 10 Secondes.

E

Août Jours du Mois.	MOYENNE EQUATION H.	M.	S.	Differ. en 24 H. S.	A. J. du M.	MOYENNE EQUATION H.	M.	S.	Dif[illegible] e[illegible] 24 S[illegible]
	Soleil retarde			3				*moins*	1[illegible]
1	0.	5.	48.		17	0.	3.	39.	
		moins		4					1[illegible]
2	0.	5.	44.		18	0.	3.	26.	
				4					1[illegible]
3	0.	5.	40.		19	0.	3.	13.	
				5					1[illegible]
4	0.	5.	35.		20	0.	2.	59.	
				5					1[illegible]
5	0.	5.	30.		21	0.	2.	45.	
				6					1[illegible]
6	0.	5.	24.		22	0.	2.	31.	
				7					1[illegible]
7	0.	5.	17.		23	0.	2.	16.	
				7					1[illegible]
8	0.	5.	10.		24	0.	2.	0.	
				8					1[illegible]
9	0.	5.	2.		25	0.	1.	44.	
				8					1[illegible]
10	0.	4.	54.		26	0.	1.	28.	
				9					1[illegible]
11	0.	4.	45.		27	0.	1.	11.	
				10					1[illegible]
12	0.	4.	35.		28	0.	0.	54.	
				10					1[illegible]
13	0.	4.	25.		29	0.	0.	37.	
				11					18
14	0.	4.	14.		30	0.	0.	19.	
				11					18
15	0.	4.	3.		31	0.	0.	1.	
		moins		12				*égal*	
16	0.	3.	51.						

Du midi du premier de ce mois au 31 le Soleil avan[illegible] de 5 Minutes 47 Secondes, & est égal au *Tems moye[illegible]* à une Seconde près; de ce jour au premier suivant, avance d'environ 18 Secondes.

pt. ours du ois.	MOYENNE EQUATION H.	M.	S.	Differ. en 24 H. S.	Sep. J. du M.	MOYENNE EQUATION H.	M.	S.	Differ. en 24 H. S.
	Soleil avance			18		*plus ,*			21
	11.	59.	41.		16	11.	54.	41.	
	plus ,			18					21
	11.	59.	23.		17	11.	54.	20.	
				19					21
	11.	59.	4.		18	11.	53.	59.	
				19					21
	11.	58.	45.		19	11.	53.	38.	
				19					21
	11.	58.	26.		20	11.	53.	17.	
				20					21
	11.	58.	6.		21	11.	52.	56.	
				20					21
	11.	57.	46.		22	11.	52.	35.	
				20					21
	11.	57.	26.		23	11.	52.	14.	
				20					21
	11.	57.	6.		24	11.	51.	53.	
				20					20
	11.	56.	46.		25	11.	11.	33.	
				20					20
	11.	56.	26.		26	11.	51.	13.	
				21					20
	11.	56.	5.		27	11.	50.	53.	
				21					20
	11.	55.	44.		28	11.	50.	33.	
				21					19
	11.	55.	23.		29	11.	10.	14.	
				21					19
	11.	55.	2.		30	11.	49.	55.	
	plus ,					*plus ,*			

Du premier de ce mois au premier du suivant, le Soleil nce de 10 Minutes 24 Secondes.

Octobre Jours du Mois.	MOYENNE EQUATION H.	M.	S.	Differ. en 24 H. S.	Oct. J. du M.	MOYENNE EQUATION H.	M.	S.
	Soleil avance			19			*plus,*	
1	11.	49.	36.		17	11.	45.	27.
			plus,	19				
2	11.	49.	17.		18	11.	45.	16.
				19				
3	11.	48.	58.		19	11.	45.	6.
				18				
4	11.	48.	40.		20	11.	44.	56.
				18				
5	11.	48.	22.		21	11.	44.	46.
				17				
6	11.	48.	5.		22	11.	44.	37.
				17				
7	11.	47.	48.		23	11.	44.	29.
				16				
8	11.	47.	32.		24	11.	44.	22.
				16				
9	11.	47.	16.		25	11.	44.	15.
				16				
10	11.	47.	0.		26	11.	44.	9.
				15				
11	11.	46.	45.		27	11.	44.	4.
				14				
12	11.	46.	31.		28	11.	43.	59.
				14				
13	11.	46.	17.		29	11.	43.	55.
				13				
14	11.	46.	4.		30	11.	43.	52.
				13			*plus,*	
15	11.	45.	51.		31	11.	43.	50.
			plus,	12				
16	11.	45.	39.					

Du midi du premier de ce mois au 3 du suivan[t]
Soleil avance de 5 Minutes 47 Secondes.

Nove. Jours du Mois.	MOYENNE EQUATION H.	M.	S.	Differ. en 24 H. S.	Nov. J. du M.	MOYENNE EQUATION H.	M.	S.	Differ. en 24 H. S.
	Soleil avance			1			*moins*		11
1	11.	43.	49.	0	16	11.	45.	8.	13
2	11.	43.	49.	0	17	11.	45.	21.	13
		excès							
3	11.	43.	49.	1	18	11.	45.	34.	13
4	11.	43.	50.	2	19	11.	45.	47.	14
		moins							
5	11.	43.	52.	3	20	11.	46.	1.	16
6	11.	43.	55.	3	21	11.	46.	17.	16
7	11.	43.	58.	5	22	11.	46.	33.	17
8	11.	44.	3.	5	23	11.	46.	50.	17
9	11.	44.	8.	6	24	11.	47.	7.	19
10	11.	44.	14.	7	25	11.	47.	26.	19
11	11.	44.	21.	8	26	11.	47.	45.	20
12	11.	44.	29.	9	27	11.	48.	5.	21
13	11.	44.	38.	9	28	11.	48.	26.	21
14	11.	44.	42.	10	29	11.	48.	47.	21
15	11.	44.	57.		30	11.	49.	8.	
			moins				*moins*		

Du 3 de ce mois au premier Décembre, le Soleil retarde de 5 Minutes 18 Secondes.

Déc. Jours du Mois.	MOYENNE EQUATION H. M. S.	Differ. en 24 H. *S.*	Déc. J. du M.	MOYENNE EQUATION H. M. S.
	Soleil avance			
1	11. 49. 31.	23	17	11. 56. 41.
	moins			*moins*
2	11. 49. 54.	23	18	11. 57. 11.
3	11. 50. 17.	23	19	11. 57. 41.
4	11. 50. 41.	24	20	11. 58. 11.
5	11. 51. 6.	25	21	11. 58. 41.
6	11. 51. 32.	26	22	11. 59. 11.
7	11. 51. 58.	26	23	11. 59. 41.
				égal
8	11. 52. 25.	27	24	0. 0. 11.
				Soleil retarde
9	11. 52. 52.	27	25	0. 0. 41.
				plus,
10	11. 53. 19.	27	26	0. 1. 11.
11	11. 53. 47.	28	27	0. 1. 41.
12	11. 54. 15.	28	28	0. 2. 10.
13	11. 54. 43.	28	29	0. 2. 39.
14	11. 55. 12.	29	30	0. 3. 8.
15	11. 55. 41.	29	31	0. 3. 37.
	moins			*plus,*
16	11. 56. 11.	30		

Du midi du premier de ce mois au 24, le Soleil reta de 10 M. 40 S. & est égal au *Tems moyen* à 11 Sec des près ; & de ce jour au premier Janvier, il reta encore de 4 Minutes 5 Secondes.

…er …rs … …is.	MOYENNE EQUATION H. M. S.	Differ. en 24 H. S.	Jan. J. du M.	MOYENNE EQUATION H. M. S.	Differ. en 24 H. S.
	Soleil retarde			*plus,*	
	0. 4. 5.	28	17	0. 10. 38.	20
	plus, 0. 4. 33.	28	18	0. 10. 57.	19
	0. 5. 1.	28	19	0. 11. 16.	19
	0. 5. 29.	28	20	0. 11. 33.	17
	0. 5. 56.	27	21	0. 11. 50.	17
	0. 6. 23.	27	22	0. 12. 7.	17
	0. 6. 49.	26	23	0. 12. 22.	15
	0. 7. 14.	25	24	0. 12. 37.	15
	0. 7. 39.	25	25	0. 12. 51.	14
	0. 8. 4.	35	26	9. 13. 4.	13
	0. 8. 28.	24	27	0. 13. 16.	12
	0. 8. 51.	23	28	0. 13. 27.	11
	0. 9. 14.	23	29	00. 13. 38.	11
	0. 9. 36.	22	30	0. 13. 48.	10
	0. 9. 57.	21	31	0. 13. 57.	9
	plus, 0. 10. 18.	21		*plus,*	

…u midi du premier de ce mois au premier ſuivant, …leil retarde de 10 Minutes juſtes.

Février Jours du Mois.	MOYENNE EQUATION H.	M.	S.	Differ. en 24 H. S.	Fév. J. du M.	MOYENNE EQUATION H.	M.	S.
	Soleil retarde			8		*moins*		
1	0.	14.	5.		15	0.	14.	34.
		moins		7				
2	0.	14.	12.		16	0.	14.	31.
				7				
3	0.	14.	19.		17	0.	14.	26.
				5				
4	0.	14.	24.		18	0.	14.	21.
				5				
5	0.	14.	29.		19	0.	14.	16.
				4				
6	0.	14.	33.		20	0.	14.	10.
				3				
7	0.	14.	36.		21	0.	14.	3.
				3				
8	0.	14.	39.		22	0.	13.	55.
				2				
9	0.	14.	41.		23	0.	13.	47.
				1				
10	0.	14.	42.		24	0.	13.	38.
		excès		0				
11	0.	14.	42.		25	0.	13.	29.
		moins		1				
12	0.	14.	41.		26	0.	13.	19.
				2				
13	0.	14.	39.		27	0.	13.	8.
				2				
14	0.	14.	37.		28	0.	12.	56.
						moins		

Du midi du premier de ce mois au 11, le S
retarde de 37 Secondes; & de ce jour au premier Ma
avancé encore d'une Minute 18 Secondes.

ars urs u ois.	MOYENNE EQUATION H. M. S.	Differ. en 24 H. S.	Mars J. du M.	MOYENNE EQUATION H. M. S.	Differ. en 24 H. S.
	Soleil retarde	12		*moins*	18
1	0. 12. 44.		17	0. 8. 38.	
	moins	12			18
2	0. 12. 32.		18	0. 8. 20.	
		13			18
3	0. 12. 19.		19	0. 8. 2.	
		13			18
4	0. 12. 6.		20	0. 7. 44.	
		14			19
5	0. 11. 52.		21	0. 7. 25.	
		14			19
6	0. 11. 38.		22	0. 7. 6.	
		14			19
7	0. 11. 24.		23	0. 6. 47.	
		15			19
8	0. 11. 9.		24	0. 6. 28.	
		15			19
9	0. 10. 54.		25	0. 6. 9.	
		16			19
0	0. 10. 38.		26	0. 5. 59.	
		16			19
1	0. 10. 22.		27	0. 5. 31.	
		16			19
2	0. 10. 6.		28	0. 5. 12.	
		17			18
3	0. 9. 49.		29	0. 4. 54.	
		17			18
4	0. 9. 32.		30	0. 4. 36.	
		18			18
5	0. 9. 14.		31	0. 4. 18.	
	moins	18		*moins*	
6	0. 8. 56.				

Du midi du premier de ce mois au premier du ſuivant Soleil avance de 8 Minutes 44 Secondes.

F

Avril Jours du Mois.	MOYENNE EQUATION H. M. S.	Differ. en 24 H. *S.*	Avr. J. du M.	MOYENNE EQUATION H. M. S.	Di[…] 24
	Soleil retarde	18		*Soleil avance*	
1	0. 4. 0. *moins*	18	16	11. 59. 47. *plus,*	
2	0. 3. 42.	18	17.	11. 59. 32.	
3	0. 3. 24.	18	18	11. 59. 18.	
4	0. 3. 6.	18	19	11. 59. 4.	
5	0. 2. 48.	18	20	11. 58. 51.	
6	0. 2. 30.	17	21	11. 58. 38.	
7	0. 2. 13.	17	22	11. 58. 25.	
8	0. 1. 56.	17	23	11. 58. 13.	
9	0. 1. 39.	17	24	11. 58. 1.	
10	0. 1. 22.	17	25	11. 57. 50.	
11	0. 1. 5.	16	26	11. 57. 39.	
12	0. 0. 49.	16	27	11. 57. 29.	
13	0. 0. 33.	16	28	11. 57. 19.	
14	0. 0. 17.	15	29	11. 57. 10.	
15	0. 0. 2. *égal*		30	11. 57. 1. *plus,*	

Du midi du premier de ce mois au 15 le Soleil ava[…] de 3 Minutes 43 Secondes, & eſt égal au *Tems mo*[…] à 2 Secondes près; & de ce jour au premier Mai […] avance encore de 3 Minutes 24 Secondes.

Mai Jours du Mois.	MOYENNE EQUATION H.	M.	S.	Differ. en 24 H. S.	Mai J. du M.	MOYENNE EQUATION H.	M.	S.	Differ. en 24 H. S.
	Soleil avance			8		*moins*			0
	11.	56.	53.		17	11.	55.	59.	
	plus,			7					2
	11.	56.	46.	7	18	11.	56.	1.	2
	11.	56.	39.	7	19	11.	56.	3.	2
	11.	56.	32.	6	20	11.	56.	5.	4
	11.	56.	26.	5	21	11.	56.	8.	4
	11.	56.	21.	5	22	11.	56.	12.	5
	11.	56.	16.	4	23	11.	56.	16.	6
	11.	56.	12.		24	11.	56.	21.	
	plus,			4					6
	11.	56.	8.	3	25	11.	56.	27.	6
	11.	56.	5.	2	26	11.	16.	33.	6
	11.	56.	3.	2	27	11.	56.	39.	7
	11.	56.	1.	2	28	11.	56.	46.	7
	11.	55.	59.	0	29	11.	56.	53.	7
	11.	55.	59.		30	11.	57.	0.	8
			excès	1					
	11.	55.	58.		31	11.	57.	8.	
	moins			1		*moins*			
	11.	55.	59.						

Du premier de ce mois au 15, le Soleil avance de 54 Minutes ; de ce jour au premier Juin, il avance encore une Minute 43 Secondes.

Juin Jours du Mois.	MOYENNE EQUATION H.	M.	S.	Differ. en 24 H. *S.*	Juin J. du M.	MOYENNE EQUATION H.	M.	S.	Di 24
	Soleil avance					*égal*			
1	11.	57.	17.	9	16	0.	0.	1.	
		moins				*Soleil retarde*			
2	11.	57.	26.	9	17	0.	0.	14.	
3	11.	57.	35.	9	18	0.	0.	27.	
4	11.	57.	44.	9	19	0.	0.	40.	
5	11.	57.	54.	10	20	0.	0.	53.	
6	11.	58.	4.	10	21	0.	1.	6.	
7	11.	58.	15.	11	22	0.	1.	19.	
8	11.	58.	26.	11	23	0.	1.	32.	
9	11.	58.	37.	11	24	0.	1.	45.	
10	11.	58.	48.	11	25	0.	1.	58.	
11	11.	59.	0.	12	26	0.	2.	11.	
12	11.	59.	12.	12	27	0.	2.	23.	
13	11.	59.	24.	12	28	0.	2.	35.	
14	11.	59.	36.	12	29	0.	3.	47.	
15	11.	59.	48.	12	30	0.	3.	1.	
			moins					*plus,*	

Du midi du premier de ce mois au 16, le Soleil a de 2 Minutes 43 Secondes & est égal au *Tems moy* une Seconde près; de ce jour au premier Juillet, il re de 3 Minutes 8 Secondes.

Juillet Jours du Mois.	MOYENNE EQUATION H.	M.	S.	Differ. en 24 H. S.	Juil. J. du M.	MOYENNE EQUATION H.	M.	S.	Differ. en 24 H. S.
	Soleil retarde					*plus,*			
1	0.	3.	12.	11	17	0.	5.	30.	5
2	0.	3.	23.	11	18	0.	5.	35.	5
3	0.	3.	34.	11	19	0.	5.	40.	5
4	0.	3.	45.	11	20	0.	5.	44.	4
5	0.	3.	56.	11	21	0.	5.	48.	4
6	0.	4.	6.	10	22	0.	5.	51.	3
7	0.	4.	16.	10	23	0.	5.	53.	2
8	0.	4.	26.	10	24	0.	5.	55.	2
9	0.	4.	35.	9	25	0.	5.	57.	2
10	0.	4.	43.	8	26	0.	5.	58.	1
11	0.	4.	51.	8	27	0.	5.	58. *excès*	0
12	0.	5.	2.	7	28	0.	5.	58. *moins*	0
13	0.	5.	9.	7	29	0.	5.	57.	1
14	0.	5.	15.	6	30	0.	5.	55.	2
15	0.	5.	20. *plus,*	5	31	0.	5.	52.	3
16	0.	5.	25.	5					

Du premier de ce mois au 28, le Soleil retarde d'une Minute 46 Secondes; & de ce jour au premier Août, il avance de 9 Secondes.

Août Jours du Mois.	MOYENNE EQUATION H.	M.	S.	Differ. en 24 H. S.	A. J. du M.	MOYENNE EQUATION H.	M.	S.
	Soleil avance							
1	0.	5.	49.	3	17	0.	3.	42.
	moins					*moins*		
2	0.	5.	45.	4	18	0.	3.	30.
3	0.	5.	40.	5	19	0.	3.	17.
4	0.	5.	35.	5	20	0.	3.	3.
5	0.	5.	29.	6	21	0.	2.	49.
6	0.	5.	23.	6	22	0.	2.	34.
7	0.	5.	17.	6	23	0.	2.	19.
8	0.	5.	10.	7	24	0.	2.	4.
9	0.	5.	3.	7	25	0.	1.	48.
10	0.	4.	55.	8	26	0.	1.	32.
11	0.	4.	47.	8	27	0.	1.	15.
12	0.	4.	38.	9	28	0.	0.	58.
13	0.	4.	28.	10	29	0.	0.	41.
14	0.	4.	17.	11	30	0.	0.	23.
						moins		
15	0.	4.	6.	11	31	0.	0.	5.
						égal		
16	0.	3.	54.	12				

Du midi du premier de ce mois au 3 le Soleil av
5 M 54 S. & est égal au *Tems moyen* à 5 Second
de ce jour au premier de Septembre, il avance en
19 Secondes.

t. rs s.	MOYENNE EQUATION H. M. S.	Differ. en 24 H. S.	Sep. J. du M.	MOYENNE EQUATION H. M. S.	Differ. en 24 H. S.
	Soleil avance	18		*plus,*	21
	11. 59. 47. *plus,*	19	16	11. 54. 47.	21
	11. 59. 28.	19	17	11. 54. 26.	21
	11. 59. 9.	19	18	11. 54. 5.	21
	11. 58. 50.	19	19	11. 53. 44.	21
	11. 58. 31.	19	20	11. 53. 23.	21
	11. 58. 12.	20	21	11. 53. 2.	21
	11. 57. 52.	20	22	11. 52. 41.	21
	11. 57. 32.	20	23	11. 52. 20.	20
	11. 57. 12.	20	24	11. 52. 0.	20
	11. 56. 52.	20	25	11. 51. 40.	20
	11. 56. 32.	21	26	11. 51. 20.	20
	11. 56. 11.	21	27	11. 51. 0.	20
	11. 55. 50.	21	28	11. 50. 40.	20
	11. 55. 29.	21	29	11. 50. 20.	19
	11. 55. 8. *plus,*		30	11. 50. 1. *plus,*	

u midi du premier de ce mois au premier Octobre, oleil avance de 10 Minutes 3 Secondes.

Octobre Jours du Mois.	MOYENNE EQUATION H.	M.	S.	Differ. en 24 H. S.	Oct. J. du M.	MOYENNE EQUATION H.	M.	S.	Di…
	Soleil avance			19			*plus,*		
1	11.	49.	42.		17	11.	45.	30.	
		plus,		19					
2	11.	49.	23.		18	11.	45.	19.	
				18					
3	11.	49.	5.		19	11.	45.	8.	
				18					
4	11.	48.	47.		20	11.	44.	58.	
				18					
5	11.	48.	29.		21	11.	44.	48.	
				18					
6	11.	48.	11.		22	11.	44.	39.	
				17					
7	11.	47.	54.		23	11.	44.	31.	
				16					
8	11.	47.	38.		24	11.	44.	24.	
				16					
9	11.	47.	22.		25	11.	44.	17.	
				16					
10	11.	47.	6.		26	11.	44.	11.	
				15					
11	11.	46.	51.		27	11.	44.	5.	
				15					
12	11.	46.	36.		28	11.	44.	0.	
				14					
13	11.	46.	22.		29	11.	43.	57.	
				14					
14	11.	46.	8.		30	11.	43.	54.	
				13			*plus,*		
15	11.	45.	55.		31	11.	43.	51.	
		plus,		13					
16	11.	45.	42.						

Du midi du premier de ce mois au 3 du ſuiv le Soleil avance de 5 Minutes 52 Secondes.

Nover

Nove. Jours du Mois.	MOYENNE EQUATION H.	M.	S.	Differ. en 24 H. S.	Nov J. du M.	MOYENNE EQUATION H.	M.	S.	Differ. en 24 H. S.
	Soleil avance			1			*moins*		11
1	11.	43.	50.		16	11.	45.	6.	
				1					11
2	11.	43.	49.		17	11.	45.	17.	
		excès		0					13
3	11.	43.	49.		18	11.	45.	30.	
		moins		1					14
4	11.	43.	50.		19	11.	45.	44.	
				2					14
5	11.	43.	52.		20	11.	45.	58.	
				2					15
6	11.	43.	54.		21	11.	46.	13.	
				3					16
7	11.	43.	57.		22	11.	46.	29.	
				5					18
8	11.	44.	2.		23	11.	46.	46.	
		plus,		5					18
9	11.	44.	7.		24	11.	47.	4.	
				6					18
10	11.	44.	13.		25	11.	47.	22.	
				6					18
11	11.	44.	19.		26	11.	47.	40.	
				8					20
12	11.	44.	27.		27	11.	48.	0.	
				8					20
13	11.	44.	35.		28	11.	48.	20.	
				10					21
14	11.	44.	45.		29	11.	48.	41.	
				10			*moins*		22
15	11.	44.	55.		30	11.	49.	3.	
		moins							

Du 3 de ce mois au premier Décembre, le Soleil retarde de 5 Minutes 36 Secondes.

Déc. Jours du Mois.	MOYENNE EQUATION H.	M.	S.	Differ. en 24 H. *S.*	Déc. J. du M.	MOYENNE EQUATION H.	M.	S.	Diff en 24 *S.*
		Soleil avance					*moins*		
1	11.	49.	25.	22	17	11.	56.	33.	29
		moins							
2	11.	49.	48.	23	18	11.	57.	3.	30
3	11.	50.	12.	24	19	11.	57.	33.	30
4	11.	50.	36.	24	20	11.	58.	3.	30
5	11.	51.	1.	25	21	11.	58.	33.	30
6	11.	51.	27.	26	22	11.	59.	3.	30
7	11.	51.	53.	26	23	11.	59.	34.	31
8	11.	52.	19.	26	24	11.	59.	4.	30
							égal		
9	11.	52.	46.	27	25	0.	0.	34.	30
							Soleil retarde		
10	11.	53.	13.	27	26	0.	1.	4.	30
11	11.	53.	41.	28	27	0.	1.	34.	30
12	11.	54.	9.	28	28	0.	2.	3.	29
13	11.	54.	37.	28	29	0.	2.	32.	29
14	11.	55.	6.	29	30	0.	3.	1.	29
							plus ;		
15	11.	55.	35.	29	31	0.	3.	30.	29
		moins							
16	11.	56.	4.	29					

Du midi du premier de ce mois au 25 le Soleil retard de 11 Minutes 29 Secondes, & est égal au *Tems moye* à 6 Secondes près ; de ce jour au premier Janvier suivant il retarde encore de 3 Minutes 25 Secondes.

TABLES

ES GRANDES & MOYENNES

ÉQUATIONS,

OMMÉES TABLES UNIVERSELLES;

SUIVIES D'UNE TABLE

L'ACCÉLÉRATION DES ÉTOILES FIXES.

Nota. Je répete que cette Table de la Moyen Équation ne peut exactement servir qu'aux Pendu qui l'indiquent, attendu qu'elle est calculée pour te le milieu entre toutes celles qui la précédent.

On n'a point mis à la fin de chaque mois de cette Table différentes Errations du Soleil, *comme aux quatre pré-cédentes, parce que, celle-ci tenant le milieu entre toutes autres; le rapport de ces mêmes Errations différeroient plusieurs Secondes avec les autres, ce qui pourroit indu en erreur.*

…vier …rs …u …ois.	GRANDE ÉQUATION M.	S.	MOYENNE ÉQUATION H.	M.	S.	Différence d'un jour à l'autre. S.	
	avance		*Soleil retarde*			29	
	20.	18.	0.	4.	9.		73
						28	
	20.	47.	0.	4.	38.		
						27	
	21.	15.	0.	5.	5.		
						27	
	21.	42.	0.	5.	33.		
						26	
	22.	9.	0.	6.	0.		
						26	
	22.	35.	0.	6.	26.		1
						25	
	23.	1.	0.	6.	52.		
						25	
	23.	26.	0.	7.	17.		
						24	
	23.	51.	0.	7.	42.		
						24	
	24.	15.	0.	8.	6.		
						23	
	24.	39.	0.	8.	30.		2
						22	
	25.	2.	0.	8.	53.		
						22	
	25.	24.	0.	9.	15.		
						21	
	25.	46.	0.	9.	37.		
						21	
	26.	7.	0.	9.	58.		
		plus,		*plus,*		20	
	26.	28.	0.	10.	19.		3

Janvier Jours du Mois.	GRANDE ÉQUATION M.	S.	MOYENNE ÉQUATION H.	M.	S.	Difference d'un jour à l'autre. S.
	avance		*Soleil retarde*			
17	26.	48.	0.	10.	39.	20
18	27.	8.	0.	10.	59.	19
19	27.	27.	0.	11.	18.	17
20	27.	44.	0.	11.	35.	16
21	27.	0.	0.	11.	51.	15
22	28.	15.	0.	10.	6.	14
23	28.	29.	0.	12.	20.	13
24	82.	42.	0.	12.	33.	12
25	28.	57.	0.	12.	45.	12
26	29.	6.	0.	12.	57.	10
27	29.	16.	0.	13.	7.	10
28	29.	26.	0.	13.	17.	10
29	29.	36.	0.	13.	27.	10
30	29.	46.	0.	13.	37.	10
		plus,		*plus,*		
31	29.	56.	0.	13.	47.	10

[Fé]vrier Jours du Mois.	GRANDE EQUATION M.	S.	MOYENNE EQUATION H.	M.	S.	Différence d'un jour à l'autre. S.	
	avance		*Soleil retarde*				
1	39.	6.	0.	13.	57.	9	
2	30.	15.	0.	14.	6.	8	
3	30.	23.	0.	14.	14.	7	
4	30.	30.	0.	44.	21.	6	
5	30.	36.	0.	14.	27.	5	7
6	30.	41.	0.	14.	32.	4	
7	30.	45.	0.	14.	36.	3	
8	30.	48.	0.	14.	29.	3	
9	30.	51.	0.	14.	42.	2	
[1]0	30.	53.	0.	14.	44.	0	8
	excès		*excès*				
[1]1	30.	53.	0.	14.	44.	1	
			moins				
[illegible]	30.	32.	0.	14.	43.	2	
[illegible]	30.	50.	0.	14.	41.	1	
	moins						
[illegible]	30.	51.	0.	14.	42.		

Février Jours du Mois.	GRANDE EQUATION M.	S.	MOYENNE ÉQUATION H.	M.	S.	Différen d'un jo à l'autre S.
	moins		*Soleil retarde*			3
15	30.	48.	0.	14.	39.	
				moins		3
16	30.	47.	0.	14.	36.	4
17	30.	42.	0.	14.	33.	5
18	30.	38.	0.	10.	29.	6
19	20.	33.	0.	14.	24.	7
20	20.	27.	0.	14.	18.	8
21	30.	20.	0.	14.	11.	9
22	30.	12.	0.	14.	3.	9
23	30.	3.	0.	13.	54.	
	moins					9
24	29.	54.	0.	13.	45.	9
25	29.	45.	0.	13.	36.	9
26	29.	36.	0.	13.	27.	9
27	29.	27.	0.	13.	18.	10
28	29.	18.	0.	13.	9.	
	moins			*moins*		

Mars Jours du Mois.	GRANDE ÉQUATION M.	S.	MOYENNE EQUATION H.	M.	S.	Différence d'un jour à l'autre. S.
	avance		*Soleil retarde*			11
1	29.	8.	0.	12.	59.	
		moins			*moins*	12
2	28.	57.	0.	12.	48.	
						14
3	28.	45.	0.	12.	36.	
						15
4	28.	31.	0.	12.	22.	
						16
5	28.	16.	0.	12.	7.	
						16
6	28.	0.	0.	11.	51.	
						17
7	27.	44.	0.	11.	35.	
						17
8	27.	27.	0.	11.	18.	
						17
9	27.	10.	0.	11.	1.	
						18
10	26.	53.	0.	10.	44.	
						18
11	26.	35.	0.	10.	26.	
						18
12	26.	27.	0.	10.	8.	
						18
13	25.	59.	0.	9.	50.	
						18
14	25.	41.	0.	9.	32.	
						18
15	25.	23.	0.	9.	14.	
		moins			*moins*	18
16	25.	5.	0.	8.	56.	

Mars Jours du Mois.	GRANDE ÉQUATION M.	S.	MOYENNE ÉQUATION H.	M.	S.	Difference d'un jour à l'autre. S.
	avance		*Soleil retarde*			18
17	24.	47.	0.	8.	38.	
				moins		18
18	24.	29.	0.	8.	20.	
						18
19	24.	11.	0.	8.	2.	
						18
20	23.	53.	0.	7.	44.	
						18
21	23.	35.	0.	7.	26.	
						18
22	23	17.	0.	7.	8.	
						19
23	22.	59.	0.	6.	50.	
						19
24	22.	40.	0.	6.	31.	
						19
25	22.	21.	9.	6.	12.	
						19
26	21.	2.	0.	5.	53.	
						19
27	21.	43.	0.	5.	34.	
						19
28	21	24.	0.	5.	15.	
						19
29	21	5.	0.	4.	56.	
						19
30	20.	46.	0.	4.	37.	
		moins				19
31	20.	27.	0.	4.	18.	
				moins		18

Avril Jours du Mois.	GRANDE ÉQUATION M.	S.	MOYENNE EQUATION H.	M.	S.	Différence d'un jour à l'autre. S.	
	avance		*Soleil retarde*			18	
1	20.	9.	0.	4.	0.	18	18
				moins			
2	19.	51.	0.	3.	42.	18	
3	19.	33.	0.	3.	24.	18	
4	19.	15.	0.	3.	6.	18	
5	18.	57.	0.	2.	48.	18	
6	18.	39.	0.	2.	30.	18	19
7	18.	21.	0.	2.	12.	18	
8	18.	3.	0.	1.	54.	17	
9	17.	46.	0.	1.	37.	17	
10	17.	29.	0.	1.	20.	17	
11	17.	12.	0.	1.	3.	17	20
12	16.	55.	0.	0.	46.	16	
13	16.	39.	0.	0.	30.	16	
14	16.	23.	0.	0.	14.	16	
				avance			
15	16.	7.	11.	59.	58.		
	milieu			*égal*			

Avril Jours du Mois.	GRANDE EQUATION M.	S.	MOYENNE EQUATION H.	M.	S.	Différence d'un jour à l'autre. S.
	retarde		*Soleil avance*			16
16	15.	51.	11.	59.	42.	
						15
17	15.	36.	11.	59.	27.	
						15
18	15.	21.	11.	59.	12.	
						15
19	15.	6.	11.	58.	57.	
						15
20	14.	51.	11.	58.	42.	
						15
21	14.	36.	11.	58.	27.	
						14
22	14.	25.	11.	58.	13.	
						14
23	14.	8.	11.	57.	59.	
						14
24	13.	54.	11.	57.	45.	
						13
25	13.	41.	11.	57.	32.	
						13
26	13.	28.	11.	57.	19.	
						12
27	13.	16.	11.	57.	7.	
						12
28	13.	4.	11.	56.	55.	
						10
29	12.	54.	11.	56.	45.	
						9
30	12.	45.	11.	56.	36.	
		plus,			*plus,*	

Mai Jours du Mois.	GRANDE ÉQUATION M.	S.	MOYENNE ÉQUATION H.	M.	S.	Différence d'un jour à l'autre. S.	
	retarde		*Soleil avance*				
1	12.	37.	11.	56.	28.	8	23
2	12.	30.	11.	56.	21.	7	
3	12.	24.	11.	56.	15.	6	
4	12.	19.	11.	56.	10.	5	
5	12.	15.	11.	56.	6.	4	
6	12.	12.	11.	56.	3.	3	24
7	12.	9.	11.	56.	0.	3	
8	12.	7.	11.	55.	58.	2	
9	12.	5.	11.	55.	56.	2	
10	12.	3.	11.	55.	54.	2	
11	12.	2.	11.	55.	53.	1	25
12	12.	1.	11.	55.	52.	1	
13	12.	0.	11.	55.	51.	1	
14	11.	59.	11.	55.	50.	1	
15	11.	59.	11.	55.	50.	0	
	plus,		*plus,*				

Mai Jours du Mois.	GRANDE ÉQUATION M.	S.	MOYENNE ÉQUATION H.	M.	S.	Difference d'un jour à l'autre. S.
	retarde				*excès*	
16	11.	59.	11.	55.	50.	0
		excès				
17	11.	59.	11.	55.	50.	1
		moins				
18	12.	0.	11.	55.	51.	2
19	12.	2.	11.	55.	53.	3
20	12.	5.	11.	55.	56.	3
21	12.	8.	11.	55.	59.	3
22	12.	11.	11.	56.	2.	4
23	12.	15.	11.	56.	6.	5
24	12.	20.	11.	56.	11.	6
25	12.	26.	11.	56.	17.	7
26	12.	33.	11.	56.	24.	8
27	12.	41.	11.	56.	32.	8
28	12.	49.	11.	56.	40.	8
29	12.	57.	11.	56.	48.	8
30	13.	5.	11.	56.	56.	8
		moins		*moins*		
31	13.	14.	11.	57.	5.	9

Juin Jours du Mois.	GRANDE EQUATION M.	S.	MOYENNE EQUATION H.	M.	S.	Différence d'un jour à l'autre. S.	
	retarde		*Soleil avance*			10	
1	13.	24.	11.	37.	15.		
				moins		11	
2	13.	35.	11.	57.	26.		
						12	
3	13.	47.	11.	57.	38.		
						12	
4	13.	59.	11.	57.	50.		
						12	
5	14.	11.	11.	58.	2.		31
						12	
6	14.	23.	11.	58.	14.		
						12	
7	14.	35.	11.	58.	26.		
						12	
8	14.	47.	11.	58.	38.		
						12	
9	14.	59.	11.	58.	50.		
						12	
10	15.	11.	11.	59.	2.		32
						12	
11	15.	23.	11.	59.	14.		
						12	
12	15.	35.	11.	59.	26.		
						12	
13	15.	47.	11.	59.	38.		
						12	
14	15.	59.	11.	59.	50.		
						12	
15	16.	11.	0.	0.	2.		33
		milieu			*égal*		

Juin Jours du Mois.	GRANDE EQUATION M.	S.	MOYENNE EQUATION H.	M.	S.	Différence d'un jour à l'autre. S.
	milieu		*Soleil retarde*			
16	16.	23.	0.	0.	14.	12
	avance					
17	16.	35.	0.	0.	26.	12
18	16.	47.	0.	0.	38.	12
19	16.	59.	0.	0.	50.	12
20	17.	12.	0.	1.	3.	13
21	17.	25.	0.	1.	16.	13
22	17.	37.	0.	1.	28.	12
23	17.	49.	0.	1.	40.	12
24	17.	1.	0.	1.	52.	12
25	18.	13.	0.	2.	4.	12
26	18.	25.	0.	2.	16.	12
27	18.	37.	0.	2.	28.	12
28	18.	49.	0.	2.	40.	12
29	19.	1.	0.	2.	52.	10
	plus,		*plus,*			12
30	19.	13.	0.	3.	4.	

Juillet Jours du Mois.	GRANDE ÉQUATION M.	S.	MOYENNE EQUATION H.	M.	S.	Différence d'un jour à l'autre. S.	
	avance		*Soleil retarde*			12	
1	19.	25.	0.	3.	16.	11	
2	19.	36.	0.	3.	27.	10	
3	19.	46.	0.	3.	37.	10	
4	19.	56.	0.	3.	47.	10	
5	19.	6.	0.	3.	57.	10	37.
6	20.	16.	0.	4.	7.	10	
7	20.	26.	0.	4.	17.	9	
8	20.	35.	0.	4.	26.	9	
9	20.	44.	0.	4.	35.	9	
10	20.	53.	0.	4.	44.	8	38
11	21.	1.	0.	4.	52.	8	
12	21.	0.	0.	4.	0.	8	
13	21.	17.	0.	5.	8.	7	
14	21.	24.	0.	5.	[illegible]	7	
15	21.	31.	0.	5.	22.	6	39
		plus,		*plus,*			
16	21.	38.	0.	5.	29.		

Juillet Jours du Mois.	GRANDE ÉQUATION M.	S.	MOYENNE ÉQUATION H.	M.	S.	Difference d'un jour à l'autre. S.
	avance		*Soleil retarde*			
17	21.	44.	0.	5.	35.	5
				plus,		
18	21.	49.	0.	5.	40.	3
19	21.	52.	0.	5.	43.	3
20	21.	55.	0.	5.	46.	3
21	21.	58.	0.	5.	49.	3
22	22	1.	0.	5.	52.	3
23	22.	3.	0.	5.	54.	2
24	22.	4.	0.	5.	55.	1
	excès		*excès*			
25	22.	5.	9.	5.	56.	1
				moins		
26	22.	4.	0.	5.	55.	1
27	22.	1.	0.	5.	52.	3
	moins					
28	21	58.	0.	5.	49.	3
29	21	55.	0.	5.	46.	3
30	21.	52.	0.	5.	43.	3
	moins					
31	21.	49.	0.	5.	40.	3
			moins			

Août Jours du Mois.	GRANDE ÉQUATION M.	S.	MOYENNE EQUATION H.	M.	S.	Différence d'un jour à l'autre. S.	
	avance		*Soleil retarde*			3	
1	21.	46.	0.	5.	37.	4	
2	21.	43.	0.	5.	34.	5	
3	21.	39.	0.	5.	30.	5	
4	21.	34.	0.	5.	25.	6	43
5	21.	29.	0.	5.	20.	7	
6	21.	23.	0.	5.	14.	7	
7	21.	16.	0.	5.	7.	7	
8	21.	9.	0.	5.	0.	8	
9	21.	2.	0.	4.	53.	9	44
10	20.	54.	0.	4.	45.	9	
11	20.	45.	0.	4.	36.	10	
12	20.	36.	0.	4.	27.	10	
13	20.	26.	0.	4.	17.	11	
14	20.	16.	0.	4.	7.	12	45
15	20.	5.	0.	3.	56.	12	
	moins		*moins*				
16	19.	53.	0.	3.	44.		

Août Jours du Mois.	GRANDE EQUATION M.	S.	MOYENNE EQUATION H.	M.	S.	Différence d'un jour à l'autre. S.
	avance		*Soleil retarde*			12
17	19.	41.	0.	3.	32.	12
18	19.	29.	0.	3.	20.	12
19	19.	17.	0.	3.	8.	12
20	19.	5.	0.	2.	56.	13
21	18.	52.	0.	2.	43.	13
22	18.	39.	0.	2.	30.	14
23	18.	25.	0.	2.	16.	15
24	18.	10.	0.	2.	1.	16
25	17.	54.	0.	1.	45.	16
26	17.	38.	0.	1.	29.	16
27	17.	22.	0.	1.	13.	17
28	17.	5.	0.	0.	56.	18
29	16.	47.	0.	0.	38.	18
30	16.	29.	0.	0.	20.	18
31	16.	11. *milieu*	0.	0.	2. *égal*	

Septembre Jours du Mois.	GRANDE ÉQUATION M.	S.	MOYENNE ÉQUATION H.	M.	S.	Différence d'un jour à l'autre. S.	
	retarde		*Soleil avance*			19	
1	15.	52.	11.	59.	43.	19	
2	15.	33.	11.	59.	24.	19	
3	15.	14.	11.	59.	5.	19	49
4	14.	55.	11.	58.	46.	20	
5	14.	35.	11.	58.	26.	20	
6	14.	15.	11.	58.	6.	20	
7	13.	55.	11.	57.	46.	20	
8	13.	35.	11.	57.	26.	20	50
9	13.	15.	11.	57.	6.	21	
		excès			*excès*		
10	12.	54.	11.	56.	45.	21	
11	12.	33.	11.	56.	24.	21	
12	12.	12.	11.	56.	3.	21	
13	11.	51.	11.	55.	42.	21	
14	11.	30.	11.	55.	21.	21	51
15	11.	9.	11.	55.	0.		
		plus,			*plus,*		

Septembre Jours du Mois.	GRANDE ÉQUATION M.	S.	MOYENNE ÉQUATION H.	M.	S.	Difference d'un jour à l'autre. S.
	retarde		*Soleil avan e*			
16	10.	48.	11.	54.	39.	21
17	10.	27.	11.	54.	18.	21
18	10.	6.	11.	53.	57.	21
19	9.	45.	11.	53.	36.	21
20	9.	24.	11.	53.	15.	21
21	9.	3.	11.	52.	54.	21
22	8.	42.	11.	52.	33.	21
23	8.	21.	11.	52.	12.	21
24	8.	0.	11.	51.	51.	21
25	7.	39.	11.	51.	30.	21
26	7.	18.	11.	51.	9.	21
27	6.	57.	11.	50.	48.	21
28	6.	37.	11.	50.	28.	20
29	6.	17.	11.	50.	8.	20
30	5.	57.	11.	49.	48.	20
		plus,			*plus,*	

tobre ours du lois.	GRANDE EQUATION M.	S.	MOYENNE EQUATION H.	M.	S.	Différence d'un jour à l'autre. S.	
	retarde		*Soleil avance*			19	
1	5.	38.	11.	49.	29.	19	
2	5.	19.	11.	49.	10.	18	
3	5.	0.	11.	48.	51.	18	
4	4.	42.	11.	48.	33.	17	55
5	4.	24.	11.	48.	15.	16	
6	4.	7.	11.	47.	58.	16	
7	3.	51.	11.	47.	42.	16	
8	3.	35.	11.	47.	26.	14	
9	3.	19.	11.	47.	10.	14	56
10	3.	5.	11.	46.	56.	14	
11	2.	51.	11.	46.	42.	14	
12	2.	37.	11.	46.	28.	13	
13	2.	23.	11.	46.	14.	12	
14	2.	10.	11.	46.	1.	12	57
15	1.	58.	11.	45.	49.		
		plus,			*plus,*	12	
16	1.	46.	11.	45.	37.		

Octobre Jours du Mois.	GRANDE EQUATION M.	S.	MOYENNE ÉQUATION H.	M.	S.	Différence d'un jour à l'autre. S.
	retarde		*Soleil avance*			11
17	1.	35.	11.	45.	26.	10
18	1.	24.	11.	45.	15.	10
19	1.	14.	11.	45.	5.	9
20	1.	4.	11.	44.	55.	9
21	0.	55.	11.	44.	46.	8
22	0.	46.	11.	44.	37.	8
23	0.	38.	11.	44.	29.	7
24	0.	30.	11.	44.	21.	6
25	0.	23.	11.	44.	14.	6
26	0.	17.	11.	44.	8.	4
27	0.	11.	11.	44.	2.	4
28	0.	13.	11.	43.	58.	2
29	0.	13.	11.	43.	54.	1
30	0.	11.	11.	43.	52.	1
	plus,			*plus,*		
31	0.	11.	11.	43.	51.	

Nove

[illegible]embre Jours du Mois.	GRANDE EQUATION M.	S.	MOYENNE EQUATION H.	M.	S.	Différence d'un jour à l'autre. S.	
		égal	*Soleil avance*			1	
1	0.	0.	11.	43.	50.		
				excès		0	
2	0.	0.	11.	43.	50.		61
		retarde				1	
3	0.	1.	11.	43.	51.		
				moins		1	
4	0.	1.	11.	43.	52.	1	
5	0.	1.	11.	43.	53.	1	
6	0.	1.	11.	43.	54.	2	
7	0.	2.	11.	43.	56.	4	62
8	0.	4.	11.	44.	0.	5	
9	0.	6.	11.	44.	5.	6	
10	0.	6.	11.	44.	11.	6	
11	0.	8.	11.	44.	17.	8	
12	0.	9.	11.	44.	25.	9	63
13	0.	10.	11.	44.	34.	10	
14	0.	10.	11.	44.	44.	10	
15	0.	11.	11.	44.	54.		
		plus,		*moins*			

Novembre Jours du Mois.	GRANDE ÉQUATION M.	S.	MOYENNE ÉQUATION H.	M.	S.	Differen d'un jo à l'autre S.
	retarde		*Soleil avance*			
16	1.	14.	11.	45.	55.	11
				moins		
17	1.	26.	11.	45.	17.	12
18	1.	39.	11.	45.	30.	13
19	1.	53.	11.	45.	44.	14
20	2.	8.	11.	45.	59.	15
21	2.	24.	11.	46.	15.	16
22	2.	41.	11.	46.	32.	17
23	2.	57.	11.	46.	48.	17
24	3.	15.	11.	47.	6.	18
25	3.	34.	11.	47.	25.	19
26	3.	53.	11.	47.	44.	19
27	4.	13.	11.	48.	4.	20
28	4.	34.	11.	48.	25.	21
29	4.	55.	11.	48.	46.	21
		plus,				
30	5.	17.	11.	49.	8.	22
				moins		

Décembre Jours du Mois.	GRANDE ÉQUATION M.	S.	MOYENNE EQUATION H.	M.	S.	Différence d'un jour à l'autre. S.	
	retarde		*Soleil avance*				
1	5.	40.	11.	49.	31.	23	
				moins			
2	5.	3.	11.	49.	54.	23	67
3	6.	27.	11.	50.	18.	24	
4	6.	52.	11.	50.	43.	25	
5	7.	18.	11.	51.	9.	26	
6	7.	45.	11.	51.	36.	27	
7	8.	12.	11.	52.	3.	27	68
8	8.	39.	11.	52.	35.	27	
9	9.	7.	11.	52.	58.	28	
10	9.	35.	11.	53.	26.	28	
11	10.	3.	11.	53.	54.	28	
12	10.	31.	11.	54.	22.	28	69
13	10.	59.	11.	54.	50.	28	
14	11.	27.	11.	55.	18.	28	
15	11.	56.	11.	55.	46.	29	
	plus,			*moins*			
16	12.	25.	11.	56.	16.	29	

Décembre Jours du Mois.	GRANDE EQUATION M.	S.	MOYENNE EQUATION H.	M.	S.	Différence d'un jour à l'autre. S.
	retarde		*Soleil avance*			29
17	12.	54.	11.	56.	45.	
				moins		30
18	13.	24.	11.	57.	15.	
						30
19	13.	54.	11.	57.	45.	
						30
20	14.	24.	11.	58.	15.	
						30
21	14.	54.	11.	58.	45.	
						30
22	15.	24.	11.	59.	15.	
						30
23	15.	54.	11.	59.	45.	
	milieu					31
24	16.	25.	11.	0.	16.	
				égal		30
25	16.	55.	11.	0.	46.	
	avance			*retarde*		29
26	17.	24.	11.	1.	15.	
						29
27	17.	53.	11.	1.	44.	
						29
28	18.	22.	11.	2.	13.	
						29
29	18.	51.	11.	2.	42.	
						29
30	19.	20.	11.	3.	11.	
						29
31	19.	49.	11.	3.	40.	
		plus,	*plus,*			

urs lu ois.	TABLE de l'Accélération des Etoiles fixes pour un mois de 31 jours.			Jours du Mois.	TABLE de l'Accélération des Etoiles fixes pour un mois de 31 jours.		
	H.	M.	S.		H.	M.	S.
1	0.	3.	56.	17	1.	6.	52.
2	0.	7.	52.	18	1.	10.	48.
3	0.	11.	48.	19	1.	14.	44.
4	0.	15.	44.	20	1.	18.	40.
5	0.	19.	40.	21	1.	22.	22.
6	0.	23.	36.	22	1.	26.	32.
7	0.	27.	32.	23	1.	30.	[illegible]
8	0.	31.	28.	24	1.	34.	24.
9	0.	35.	24.	25	1.	38.	20.
0	0.	39.	20.	26	1.	46.	16.
1	0.	43.	16.	27	1.	46.	12.
2	0.	47.	12.	28	1.	50.	8.
3	0.	51.	8.	29	1.	54.	4.
4	0.	55.	4.	30	1.	58.	0.
5	0.	59.	0,	31	2.	1.	56.
6	0.	2.	56.				

L'usage de cette derniere Table est à la Section X V I. ge 55. de cet Ouvrage.

TABLE DES SECTIONS

Contenuës dans cet Ouvrage.

Fin de la Table.

ERRATA.

AGE 1. *ligne* 15. les *lisez* ces.
2. *lig.* 7. Ruguens, *lis.* *Huygens.*
9. *lig.* 4. après ce mot mouvement; *ajoutez* ; à
12. *lig.* 16. l'emploient, *lis.* les employent.
ème P. *lig.* 23. *Anchres*, *lis.* *Anchre.*
20. *lig.* 8. conftraction, *lis.* contraction.
23. *lig.* 2. flotantes, *lis.* frotantes.
ème P. *lig.* 12. frottemens adoucis, *lis.* les frottemens plus adoucis.
ème P. *lig.* 24. une Lentille, *lis.* & une Lentille.
24. *lig.* 25. composées, *lis.* composés.
ème P. *lig.* 30. viens, *lis.* vient.
25. *lig.* 3. effets, *lis.* plus petits effets.
26. *lig.* 4. à 19. *lis.* à 16.
ème P. *lig.* 33. un dégré de 12 Minutes, *lis.* un dégré 12 Minutes.
27. *lig.* 19. de nombre, *lis.* du nombre.
ème P. qui réfutent diverses Expériences, *lis.* qui résultent de différentes Expériences.
28. *lig.* 33. que les uns, *lis.* que les unes.
29. *lig.* 13. résourdre, *lis.* résoudre.
23. *lig.* 21. monter, *lis.* remonter.
36. *lig.* 17. qu'on a, *lis.* qu'il y a.
37. *lig.* 34. qui, *lis.* que.
39. *lig.* 13. assurera de la vérité, *lis.* assurera la vérité.
42. *lig.* 36. Quadrature, *lis.* Cadrature.
45 *lig.* 15. ne peut, *lis.* ne peut en.
47. *lig.* 9 pour la seconde, *lis.* pour la seconde fois.
48. *lig.* 2, lorsque les Pendules, *lis.* lorsque ces Pendules.
50. *lig.* 21. & que j'ai, *lis.* que j'ai.
ème P. *lig.* 30. avoir ajouter, *lis.* avoir ajouté.
53. *lig.* 6. Hughens, *lis.* *Huygens.*
55. *lig.* 7. tous les 14 heures, *lis.* toutes les 24 heures.
ème P. *lig.* 14. à l'endroit observé, *lis.* à l'endroit fixé.
56. *lig.* 32. pour les troisiémes années, *lis.* pour les secondes années.
57. *lig.* 35. 37 Minutes, *lis.* 3 Minutes.
62. *lig.* 24. 26. Juillet, *lis.* 27. Juillet.

APPROBATION.

J'Ai lû par ordre de Monseigneur le Chancelier un Manuscrit in *Recherches sur le vrai moyen de perfectionner les Pendules à Secondes :* reconnoît le zele d'un Artiste Intelligent, qui réunit l'expérience à une l Méditation du Sujet qu'il traite. A Paris le 18 Avril 1770.

MARIE.

PRIVILÉGE DU ROI.

LOUIS, par la grace de Dieu, Roi de France & de Navarre : A nos & féaux Conseillers, les Gens tenans nos Cours de Parlement, Maîtr Requêtes ordinaires de notre Hôtel, Grand-Conseil, Prévôt de Paris, Ba Sénéchaux ; leur Lieutenant Civil, & autres nos Justiciers qu'il apparti SALUT. Notre amé le Sieur RIDEREAU, Maître Horloger, Nous a fait e qu'il désireroit faire imprimer & donner au Public *des Recherches sur le vrai de perfectionner les Pendules à Secondes, destinées à indiquer les Equations journ du Soleil :* S'il nous plaisoit lui accorder nos Lettres de Permission po A CES CAUSES, voulant favorablement traiter l'Exposant, Nous lui avons & permettons par ces Présentes, de faire imprimer ledit Ouvrage autant que bon lui semblera, & de le faire vendre & débiter par-tout notre Ro pendant le tems de trois années consécutives, à compter du jour de la d Présentes. Faisons défenses à tous Imprimeurs, Libraires, & autres Pers de quelque qualité & condition qu'elles soient, d'en introduire d'imp étrangere dans aucun lieu de notre obéïssance. A la charge que ces Pr seront enrégistrées tout au long sur le Registre de la Communauté des Impr & Libraires de Paris, dans trois mois de la date d'icelles : que l'impression Ouvrage sera faite dans notre Royaume, & non ailleurs, en bon Papier & Caracteres ; que l'Impétrant se conformera en tout aux Réglemens de la Lib & notamment à celui du 10 Avril 1725, à peine de déchéance de la p Permission : qu'avant de l'exposer en vente, le Manuscrit qui aura servi d à l'impression dudit Ouvrage, sera remis dans le même état où l'Approba aura été donnée, ès mains de notre très-cher & féal Chevalier, Chan Garde des Sceaux de France, le Sieur DE MAUPEOU ; qu'il en sera ensuite deux Exemplaires dans notre Bibliothéque publique, un dans celle de Château du Louvre, & un dans celle dudit Sieur DE MAUPEOU ; le tout à p nullité des Présentes. Du contenu desquelles vous mandons & enjoignons c jouir ledit Exposant & ses ayans causes, plainement & paisiblement, sans qu'il leur soit fait aucun trouble ou empêchement. Voulons qu'à la co Présentes, qui sera imprimée tout au long au commencement ou à la fi Ouvrage, foi soit ajoûtée comme à l'original. Commandons au premie Huissier ou Sergent sur ce requis, de faire pour l'exécution d'icelles tou requis & nécessaires, sans demander autre Permission, & nonobstant clan haro, charte normande, & lettres à ce contraires : Car tel est notre Donné à Paris le trente-uniéme jour du mois d'Août, l'an mil sept cent so dix, & de notre régne le cinquante-cinquiéme. Par le Roi en son Cons

Signé LE BEGUE.

Regiſtré sur le Regiſtre XVIII, de la Chambre Royale & Syndicale des L & Imprimeurs de Paris, N°. 1281. fol. 231. conformément au Réglement de qui fait défenses à toutes Personnes de quelque qualité & condition qu'elles autres que les Libraires & Imprimeurs, de vendre, débiter, faire afficher Livres, pour les vendre en leurs Noms, soit qu'ils s'en disent les Auteurs ou aut & à la charge de fournir à la susdite Chambre huit Exemplaires prescrits par l CVIII, du même Réglement. A Paris le 7 Septembre 1770.

Signé J. HERISSANT, Syndic.

De l'Imprimerie de J. LAMESLE, Pont S. Michel.

www.ingramcontent.com/pod-product-compliance
Ingram Content Group UK Ltd.
Pitfield, Milton Keynes, MK11 3LW, UK
UKHW021154260726
13994UKWH00001B/447